Lernschwierigkeit oder Lernchance?

Lernen in herausfordernden Situationen begleiten

Aus- und Weiterbildungspädagoge:in

Essential

Impressum

Herausgeber

GAB München – Gesellschaft für Ausbildungsforschung und Berufsentwicklung eG

Autor:innen

Barbara Burger, Jost Buschmeyer, Angelika Dufter-Weis, Elisa Hartmann, Kristina Horn, Nathalie Kleestorfer-Kießling, Florian Martens, Nicolas Schrode

(Empfohlene Zitierweise: Burger, Barbara | Buschmeyer, Jost | Dufter-Weis, Angelika | Hartmann, Elisa | Horn, Kristina | Kleestorfer-Kießling, Nathalie | Martens, Florian | Schrode, Nicolas (2021): Lernschwierigkeit oder Lernchance? – Lernen in herausfordernden Situationen begleiten. Essentials Aus- und Weiterbildungspädagoge:in. Bielefeld: wbv Publikation.)

Dieses Essential gehört zu der Reihe „Essentials Aus- und Weiterbildungspädagoge:in".

Bibliografische Informationen der Deutschen Bibliothek

Die Deutsche Bibliothek verzeichnet diese Publikationen in der deutschen Nationalbibliografie; detaillierte bibliografische Daten sind im Internet über http://dnb.ddb.de abrufbar.

Bestell-Nr.: 6004831
ISBN (Print): 978-3-7639-6258-7
ISBN (E-Book): 978-3-7639-6263-1
© 2021, 1. Auflage, wbv Publikation, ein Geschäftsbereich der wbv Media GmbH & Co. KG, Bielefeld

Layout: Niels Knudsen, Barbara Koiramäki (Koiramäki Design)
Illustrationen: Elisa Hartmann

Printed in Germany

Vorwort

Dieses Essential gehört zu der Reihe „Essentials Aus- und Weiterbildungspädagoge:in", in der Sie die Expertise der GAB München für das praktische Umsetzen in der Berufsbildungsarbeit auf den Punkt gebracht finden.

Die Essentials dienen der gezielten Vorbereitung auf die IHK-Abschlüsse „Gepr. Aus- und Weiterbildungspädagoge:in" sowie „Gepr. Berufspädagoge:in". Darüber hinaus finden Sie in dieser Reihe viele Anregungen für Ihr eigenes berufspädagogisches Handeln.

Das vorliegende Essential beschäftigt sich damit, welche herausfordernden Situationen beim Lernen der Auszubildenden auftreten können und wie eine angemessene Begleitung aussehen kann. Dabei beleuchtet es die Chancen, die in moderner Ausbildung – verstanden als Lernen in realer Arbeit – für die Entwicklung der Kompetenzen und der Persönlichkeit junger Menschen liegen. Darüber hinaus werden zum einen Hinweise darauf gegeben, wie Ausbilder:innen Jugendliche mit Lernschwierigkeiten unterstützen können. Zum anderen widmet sich das Essential auch typischen psychischen Störungen und Suchterkrankungen, die oftmals im Jugendalter auftreten, sowie der Frage, welche Rolle Ausbilder:innen bei besonders herausfordernden Fällen einnehmen können.

Weitere Bände der „Essentials Aus- und Weiterbildungspädagoge:in" sind:

- Lernprozessbegleitung
  Lernen in Arbeitsprozessen kompetenzorientiert gestalten
- Von der Lehr- zur Lernveranstaltung
  Seminare, Workshops und Unterricht kompetenzorientiert gestalten
- Lern- und motivationstheoretische Hintergründe
  Ein Fundus für berufspädagogische Begründungen
- Gesprächsführung in der Lernprozessbegleitung
  Lerngespräche kompetenzorientiert führen
- Planungsprozesse in der beruflichen Aus- und Weiterbildung
  Kompetenzorientierte Berufsbildung planen und implementieren

Was finde ich in den Essentials:
Aus- und Weiterbildungspädagoge:in?

Eine explorative Studie im Auftrag des Bundesinstituts für Berufsbildung (BIBB) von 2008 ergab, dass die erworbenen Qualifikationen im Rahmen der Ausbilder-Eignungsverordnung (AEVO) zwar eine wichtige Grundlage für die Aufgaben von inner- und außerbetrieblich Ausbildenden sei, dass diese jedoch nicht ausreichten, um heute gute Aus- und Weiterbildungsprozesse in Unternehmen zu gewährleisten.[1] Aus den Erkenntnissen der Studie entstanden die Aufstiegsfortbildungsberufe „Gepr. Aus- und Weiterbildungspädagoge:in" und „Gepr. Berufspädagoge:in".

Die Gesellschaft für Ausbildungsforschung und Berufsentwicklung München (GAB München) hat nicht nur diese Studie im Auftrag des BIBB durchgeführt, sondern auch die Entwicklung der Fortbildungsberufe zunächst in einem Pilotprojekt initiiert und erprobt und später auch die bundesweite Einführung der beiden Fortbildungsberufe maßgeblich begleitet. Dabei sind die Erkenntnisse 40-jähriger wissenschaftlicher (Praxis-) Forschung der GAB München zur berufspädagogischen Arbeit in diesen Prozess eingeflossen und heute in den Fortbildungsberufen festgeschrieben.

In der Veröffentlichungsreihe „Essentials Aus- und Weiterbildungspädagoge:in" haben wir die wesentlichen Erkenntnisse der langjährigen berufspädagogischen Expertise in kompakter Form zusammengefasst und für das praktische Umsetzen in der Berufsbildungsarbeit auf den Punkt gebracht.

Diese Reihe dient der gezielten Vorbereitung auf die IHK-Abschlüsse „Gepr. Aus- und Weiterbildungspädagoge:in" sowie „Gepr. Berufspädagoge:in". Darüber hinaus finden Sie in den unterschiedlichen Bänden dieser Reihe Anregungen für das eigene berufspädagogische Handeln. Und auch hier gilt: Kompetent wird man nur im Tun! Nehmen Sie die Anregungen und Impulse und probieren Sie sie aus.

Unter **www.gab-muenchen.de** finden Sie einen kostenfreien Zugang zu weiteren Produkten, die diese Reihe ergänzen. So zum Beispiel ein Glossar zu berufspädagogischen Fachbegriffen, in dem (prüfungs-) relevante Begriffe kurz und knapp erklärt sind.

Sehen Sie sich hier um und kommen Sie mit uns in den aktiven Austausch!

Der Aufbau der Essentials orientiert sich jeweils an einer Handlungssystematik, d.h. die Reihenfolge der beschriebenen Aspekte und Inhalte ergibt sich weitgehend aus konkreten Handlungsschritten, die in der berufspädagogischen Arbeit aufeinander folgen. Die Systematik des Rahmenlehrplans für die Fortbildungsberufe folgt einer Fachsystematik, die das berufspädagogische Handeln in unterschiedliche fachliche Themen (z.B. „Lern-prozesse und Lernbegleitung" oder „Planungsprozesse der betrieblichen Bildung") untergliedert. Für eine bessere Übersicht, welche prüfungsrelevanten Themen in welchem Band angesprochen werden, finden Sie in jedem Band am Ende eine entsprechende Übersicht. Die Prüfungsthemen, die dieser Band beinhaltet, finden Sie hinten im Band.

---

[1] Vgl. Bauer et al., 2008; siehe dazu auch: Brater, 2011.

Inhaltsverzeichnis

Teil 1

Welche Bedeutung haben herausfordernde Situationen **für das Lernen?**

Lernen ist immer eine Herausforderung, denn um sich in eine gewünschte Richtung zu verändern und neue Kompetenzen auszubilden, wird es nötig, all seine Stärken und Ressourcen zu aktivieren und sich als *ganzer Mensch* denkend, fühlend und wollend in Bewegung zu setzen.[2]

Es gibt aber Situationen und Phänomene, die genau das stark erschweren, blockieren, hemmen. Die Bandbreite reicht dabei von problematischen Rahmenbedingungen und störenden Verhaltensweisen Anderer über Entwicklungsherausforderungen, die im jeweiligen Alter im Mittelpunkt stehen und viel Energie und Ressourcen verbrauchen, bis hin zu Störungen und Erkrankungen.

Im vorliegenden Essential wird versucht, einen Bogen zu spannen über die Schwierigkeiten und Chancen des Lernens in besonders herausfordernden Situationen. Dabei sollen insbesondere auch die berufspädagogischen Potenziale von Ausbildung – verstanden als Lernen in realen Anforderungssituationen – thematisiert werden. Es wird der Frage nachgegangen, wie Lernbegleiter:innen junge Menschen mit Lernschwierigkeiten unterstützen und begleiten können. Dabei richtet sich der Blick auch auf die Grenzen der Unterstützung, an denen an andere Professionen übergeben werden sollte.

Wie sich im Konkreten herausfordernde Situationen zeigen, wie sie Lernen behindern, wie sie aber auch als Lernchancen genutzt werden können, wird an dem folgenden Beispiel deutlich.

BEISPIEL 1

Anton ist Auszubildender im 2. Ausbildungsjahr zum Versicherungskaufmann. Sein Ruf eilt ihm im Betrieb voraus: Jeder Ausbildende im Betrieb weiß, dass Anton nach einem recht guten Start seit einem Jahr demotiviert, undiszipliniert und schwierig ist. Er überzieht die Pause und kommt häufig zu spät. Wenn er darauf hingewiesen wird, zuckt er nur mit den Schultern oder reagiert gar nicht. Die Aufgaben, die er erledigen soll, schafft er weder in der entsprechenden Zeit noch in der geforderten Qualität. Er macht viele Fehler, arbeitet unkonzentriert, und wenn er darauf aufmerksam gemacht oder verbessert wird, reagiert er mürrisch oder meint, das sei doch nicht so schlimm. Außerdem passieren ihm die gleichen Fehler immer wieder. Er notiert sich nie etwas, obwohl er schon oft gesagt bekommen hat, er solle sich doch was aufschreiben. Deshalb bekommt er nurmehr Hilfs- und Handlangertätigkeiten übertragen. Auch die zahlreichen disziplinarischen Gespräche mit unterschiedlichen Ausbilder:innen haben keine Wirkung gezeigt. Die schlechte Bewertung als Konsequenz seines Fehlverhaltens ruft auch keinerlei Reaktion hervor und scheint ihm egal zu sein.

Seit einer Woche ist er in einer neuen Abteilung. Frau Grüner ist dort seine Ausbilderin. Ihr ist es ein Anliegen, den Auszubildenden wertschätzend und auf Augenhöhe zu begegnen und ihnen Interesse entgegen zu bringen. Sie hat auch schon von Antons Ruf gehört, will sich aber selbst eine Meinung bilden und begegnet ihm offen und empathisch.

An seinem ersten Tag hat Frau Grüner Anton zu einem Willkommens-Gespräch eingeladen. Sie hat ihm gesagt, was ihr für die Zusammenarbeit wichtig ist und ihn gefragt, was ihm für die Zusammenarbeit wichtig ist. Danach waren sie gemeinsam beim Mittagessen, um sich persönlich besser kennenzulernen.

In der ersten Woche ist Anton dreimal zu spät gekommen. Seine Aufgabe in der ersten Woche bestand darin, Kundendaten anzulegen. Dabei sind ihm zehn Fehler unterlaufen. Frau Grüner vereinbart einen Gesprächstermin mit Anton am Beginn der zweiten Woche. Sie fragt ihn, wie es ihm geht. Er antwortet nicht. Sie spiegelt ihm, dass er auf sie den Eindruck macht, als ob er nicht ganz bei der Sache sei. Anton fasst aufgrund ihrer offenen, empathischen Art der Kommunikation Vertrauen. Es platzt aus ihm heraus und er

---

[2] Kompetenzen werden auch als „Selbstorganisationsdispositionen" beschrieben (vgl. Erpenbeck et al., 2017: S. XI), als Bündel aus Wissen, Fertigkeiten, Fähigkeiten, Werten und Haltungen, „die ein sinnvolles und fruchtbares Handeln in offenen, komplexen, manchmal auch chaotischen Situationen erlauben, die also ein selbstorganisiertes Handeln unter gedanklicher und gegenständlicher Unsicherheit ermöglichen" (ebd.). Beim Ausbilden von Kompetenzen „steht die jeweilige Besonderheit der Person, d. h. deren individuelle Kompetenzen im Vordergrund der Bildungsarbeit. Nur so kann das Individuelle Potenzial im Sinne des Individuums, der Organisation bzw. des Unternehmens sowie der Gesellschaft genutzt werden." (Wittwer, 2013: S. 3). Dazu gehören neben den individuellen kognitiven Denkprozessen auch die Emotion (vgl. bspw.: Arnold, 2008) und der Wille der lernenden Menschen (vgl. bspw.: van Houten, 1999).

berichtet über seine Herausforderungen zu Hause. Seine Eltern trennen sich, es gibt Streit und schlechte Stimmung zu Hause, das ist schon seit knapp zwei Jahren so. Er hängt sehr an beiden Eltern, und die Situation ist für ihn unerträglich. Deshalb hat er beschlossen, zu Hause aus- und mit seiner Freundin zusammen zu ziehen. Es stellt sich aber alles als schwieriger heraus als geplant. Es ist viel zu klären, zu regeln. Es fällt ihm schwer, alles unter einen Hut zu bekommen. Er hat sich überschätzt und trägt das Gefühl nun mit in die Ausbildung, dass er hier auch nichts mehr kann. Morgens kommt er nicht aus dem Bett, und er kann sich schwer konzentrieren, dauernd ist er abgelenkt und macht Fehler. Anton hat auch gar keine Lust mehr und findet alles blöd. Er trägt sich mit dem Gedanken, die Ausbildung abzubrechen.

Die Ausbilderin reagiert verständnisvoll, zeigt aber gleichzeitig auch den Rahmen der Ausbildung auf, in dem der Azubi sich bewegt. Beide sprechen über mögliche Konsequenzen, wenn Antons Leistungen in der Ausbildung nicht besser werden. Die Ausbilderin unterstützt ihn dabei, zu erkennen, an welchen Punkten er selbst ansetzen kann, an sich zu arbeiten. Sie vereinbaren regelmäßige Lerngespräche, bei denen sie Rückschau halten über die erledigten Aufgaben und vereinbarten Schritte, diese reflektieren sowie die Fortschritte und Lernerträge festhalten, und sie vereinbaren und planen die nächsten Schritte und Aufgaben. Anton bekommt die Chance, wirklich herausfordernde Aufgaben zu übernehmen. Frau Grüner traut ihm viel zu und begleitet ihn. Sie achtet darauf, dass Anton zwar gefordert, aber nicht überfordert ist, sich zwar anstrengen muss, um die Aufgaben zu bewältigen, aber letztlich einen Erfolg verzeichnen kann. So schöpft er wieder Selbstvertrauen und bekommt Energie und Motivation für die Arbeit.

Frau Grüner hat es geschafft, eine vertrauensvolle Beziehung zu Anton aufzubauen und hat ihm über die Begleitung bei der Bewältigung von Herausforderungen Erfolgserlebnisse ermöglicht. Das ist der Weg, wie mit den Werkzeugen der beruflichen Pädagogik neue Perspektiven und Chancen in schwierigen Situationen entstehen können: **Vertrauen und eine wertschätzende Beziehung** aufbauen, dem Lernenden zutrauen, Herausforderungen zu bewältigen, ihn dabei begleiten und so Erfolge ermöglichen.

So können Lernende wachsen, neues Selbstbewusstsein, Mut und Zuversicht fassen, indem sie erleben, dass jemand an sie glaubt und dass sie wirklich etwas (lernen) können.

Betrachtet man das Beispiel, so kann man in Antons Rückzug *ein* Reaktionsmuster auf familiäre Probleme erkennen. Andere Jugendliche hätten vielleicht ganz anders reagiert. Insgesamt können schwierige Ausbildungssituationen bzw. Schwierigkeiten beim Lernen sehr unterschiedliche Ursachen haben und sich auch ganz verschieden äußern.

Für Aus- oder Weiterbildner:innen, die Jugendliche schließlich nicht nur in ihrer Wissens-entwicklung, sondern vor allem auch in einer wichtigen Phase der Reifung ihrer Persönlich-keit begleiten, ist es daher wichtig,

- sich ein differenziertes Bild über schwierige Situationen sowie deren Ursachen machen zu können,
- darauf aufbauend einschätzen zu können, bei welchen schwierigen Situationen Aus- und Weiterbildner:innen wie helfen und unterstützen können sowie
- in welchen Fällen andere (bspw. psychologische oder psychotherapeutische) Hilfe benötigt wird und es entsprechend wichtig ist, diese zu vermitteln.

Manchmal stecken hinter schwierigen Situationen sogenannte *Lernschwierigkeiten*. Die folgenden Kapitel stellen daher verschiedene Lernschwierigkeiten vor, erläutern sie und reflektieren Möglichkeiten und Grenzen von (berufs-)pädagogischen Interventionen.

Teil 2

Welche (Aus-)Wirkungen haben
Lernschwierigkeiten?

Der Begriff Lernschwierigkeiten bezieht sich in erster Linie auf Schwierigkeiten im Zusammenhang mit schulischen Lernprozessen. Aber auch in der Ausbildung spielt das Thema eine wichtige Rolle. Denn zum einen kommen junge Menschen mit unterschiedlichen Vorkenntnissen, Lernvoraussetzungen und Lerngeschwindigkeiten in die Ausbildung, und Ausbildende müssen damit umgehen. Zum anderen haben alle Auszubildenden auch eine mehr oder weniger erfolgreiche Schulzeit hinter sich, die Auswirkungen auf ihr jetziges Lernverhalten hat. Die zurückliegenden Erfahrungen als Schüler:innen haben einen prägenden Einfluss auf die Motivation und die Einstellung zum Lernen. Dies gilt im Guten wie im Schlechten. Hinter Lernschwierigkeiten, die in der Ausbildung auftreten, verbirgt sich oftmals ein langer schulischer Leidensweg.

2.1 Wie wirkt der Teufelskreis der Lernschwierigkeiten?

Am Beispiel von Paula wird deutlich, wie ein Leidensweg in der Schule aussehen kann und welche Folgen er tatsächlich haben kann:

BEISPIEL

Paula berichtet: „Am Anfang, als ich wusste, dass ich bald in die Schule darf, habe ich mich total gefreut. Im Kindergarten wurde es voll langweilig, immer dieser Babykram. Ich wollte viel lieber tolle neue Sachen lernen. Die Erzieherin im Kindergarten meinte zwar, ich solle vielleicht noch ein Jahr warten, aber ich wollte unbedingt da weg! Außerdem wollte ich mit meinen Freunden zusammenbleiben, die ja auch alle in die Schule kamen. Sollte ich etwa noch ein Jahr mit den Babies rumhängen? Das kam gar nicht infrage! Bei der Schuleingangs-untersuchung und beim Kinderarzt lief dann alles gut und ich durfte in die Schule gehen.

Das erste halbe Jahr war super. Wir durften viel spielen und Noten gab es auch noch nicht. Doch dann merkte ich, dass mit mir etwas nicht stimmt. Die Lehrerin gab uns immer kleine Aufgaben und las danach vor, wer es am besten gemacht hatte. Die Besten zuerst, die Schlechtesten zuletzt. Die Guten bekamen dann immer eine Belohnung. Ich bekam nie eine Belohnung. Es war sogar so, dass ich bei den meisten Aufgaben als Letzte aufgerufen wurde und die Lehrerin sagte, ich müsste mich mehr anstrengen. Dabei strengte ich mich doch an! Als ich nach Hause kam, sagte ich zu meiner Mutter: „Ich glaube, ich bin die Schlechteste in der Klasse." Meine Mutter bekam einen großen Schreck und ich merkte, dass das etwas sehr Schlimmes war!

In der dritten Klasse wurde es dann richtig schlimm. Da ging es mit den Noten los. Jede Woche wurde ein Diktat geschrieben und ich hatte immer über 30 Fehler, meistens sogar 35 oder 36 Rechtschreibfehler auf einer halben bis einer Seite. Das war Note 6. Ich konnte mir das gar nicht erklären und wusste nicht, was ich tun sollte. Ich kam mir vor wie eine totale Versagerin. Die anderen Kinder lachten über mich und nannten mich einen Dummkopf.

Meine Mutter fing an, nachmittags nach der Schule mit mir zu üben. Es war, als ob ich jetzt auch noch nachmittags Schule hätte. Sie übte Diktate mit mir und einzelne Wörter, aber ich konnte mir die Schreibweisen einfach nicht merken. Ich schrieb die Wörter mal richtig und mal falsch, und auch jedes Mal anders falsch. Es war einfach hoffnungslos! Am schlimmsten war, dass ich merkte, wie verzweifelt meine Mutter war. Sie weinte viel, manchmal schrie sie auch und schimpfte mich. Oft, am Ende eines Tages, weinten wir beide.

Wenn wir wirklich sehr viel geübt hatten, schaffte ich es, im Diktat nur 30 Fehler zu machen. Das war aber immer noch eine 6! Die 5 fing erst bei 6 Fehlern an. Ich war also meilenweit davon entfernt! Da beschloss ich, mit dem Üben aufzuhören. Es hatte ja eh keinen Sinn! 36 oder 30 Fehler, das machte doch keinen Unterschied. Ich war einfach dumm und da konnte man nichts machen. Meine Mutter war da anderer Meinung, und wir stritten uns jeden Tag. Ich musste zuhause bleiben und so tun, als würde ich lernen. Für meine Freunde und irgendwelche schönen Sachen hatte ich überhaupt keine Zeit mehr. Die Freunde machten dann was ohne mich, und irgendwann fragten sie mich nicht mehr.

Zu der Zeit fingen dann die Arztbesuche an. Als erstes ging es zum Kinder- und Jugend-psychiater. Dort musste ich viele Tests machen: Intelligenztest, Rechtschreibtest, Konzentrationstest, Lerntests und so weiter. Angeblich bin ich sehr intelligent und kann nur nicht gut lesen und schreiben. Diagnose „schwere Lese- und Rechtschreibstörung". Aber das kapiere ich nicht. Wenn ich intelligent wäre, könnte ich doch gut schreiben!

Einmal, als ich mit meiner Mutter im Wartezimmer des Psychiaters saß, wartete dort auch eine andere Mutter mit ihrem Sohn. Der Junge war so alt wie ich und hatte nur einen Arm. Auf der anderen Seite hatte er einen Stumpf, der über dem Ellbogen aufhörte. Da sagte ich zu meiner Mutter: „Es wäre mir lieber, nur einen Arm zu haben als diese blöde Legasthenie!" Und das war mein voller Ernst! Es tat mir nur leid, dass meine Mutter schon wieder weinte.

Als meine Mutter von den Ergebnissen der Tests berichtete, sagte meine Lehrerin: „Legasthenie ist eine Ausrede für Eltern, die nicht akzeptieren wollen, dass ihr Kind dumm ist!" Das hatte ich mir schon gedacht. Meine Mutter hat leider keine Ahnung! Sie versucht, mich zu trösten, aber sie ist meine Mutter und muss das sagen. Das ist doch klar! Mittlerweile war ich nämlich nicht nur im Lesen und Schreiben die Schlechteste. Ich wurde auch im Rechnen und in Heimat- und Sachkunde immer schlechter.

Von nun an schleppte mich meine Mutter von einem Therapeuten zum nächsten: Recht-schreibtraining, Rechentraining, Ergotherapie, Logopädie, Kinesiologie und so weiter. Geholfen hat das alles nichts. Ich bin offensichtlich nicht nur dumm, sondern auch gestört.

Aber inzwischen ist mir das egal! Diesen ganzen Kram braucht eh kein Mensch!

Was ich daraus gelernt habe? Schule ist das Schlimmste was es gibt, und je eher man sie hinter sich hat, desto besser!"

Die Geschichte von Paula zeigt, wie aus einer anfänglich defizitären Lernschwierigkeit (Paula lernt langsamer als ihre Mitschüler:innen, hat vielleicht auch eine Lese- und Rechtschreibstörung) durch wiederholte Misserfolgserlebnisse und Demütigungen eine strukturelle Lernschwierigkeit entsteht, bei der der Glaube an die eigene Unfähigkeit das weitere erfolgreiche Lernen verhindert.

Paula ist leider kein Einzelfall. So oder ähnlich ergeht es vielen Kindern. Sie erleben ihre Schulzeit als eine wiederkehrende Abfolge von Demütigungen und Misserfolgen. Sie erhalten nicht nur keine Hilfe, sondern erfahren ständige und fortgesetzte Entmutigung, bis die Schule für sie zu etwas gänzlich Feindlichem, Zerstörerischem wird.

Ausgehend von anfänglichen Schwierigkeiten, mit den schulischen Anforderungen mitzuhalten, beginnt ein Teufelskreis, aus dem ein Ausstieg immer schwieriger wird und durch den die Probleme mit jeder Umdrehung größer werden.

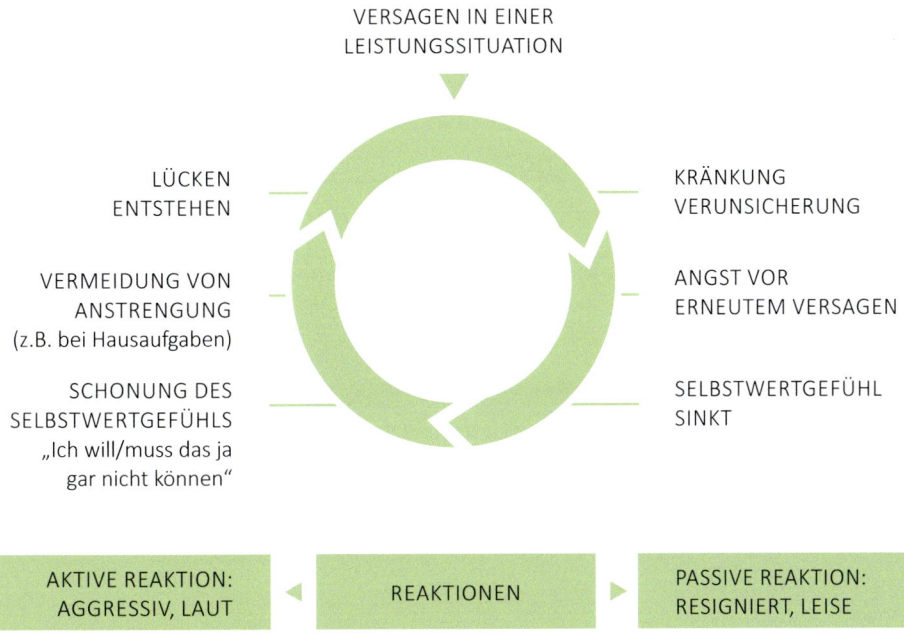

Abb. 1: Teufelskreis der Lernschwierigkeiten (Quelle: GAB München)

Ausgangspunkt des Teufelskreises ist in der Regel eine Lernstörung zu Beginn der Schulzeit. Sie kann z.B. durch eine nicht erkannte Lese-Rechtschreibschwäche verursacht sein, durch eine Entwicklungsverzögerung, durch Sprachprobleme bei nicht-deutsch-sprachigen Kindern oder einfach nur durch ein langsameres Lerntempo.

Weitere mögliche Auslöser sind:

- Probleme mit dem Sehen
- Probleme mit dem Hören
- Probleme mit dem Sprechen
- Sprachliche Defizite (bei Kindern, deren Muttersprache nicht Deutsch ist)
- Gesundheitliche Probleme
- Probleme mit Psychomotorik und Koordination (z.B. motorische Schwierigkeiten beim Schreiben)
- Belastende psychosoziale Bedingungen (z.B. familiäre Konflikte)
- Legasthenie
- Dyskalkulie
- ADS, ADHS

Ob diese ursächliche Schwäche anhaltend oder nur vorübergehend ist, spielt für den weiteren Verlauf oft keine Rolle mehr. Bei Paula fing alles damit an, dass sie langsamer beim Erlernen des Lesens und Schreibens war.

Anfängliche Misserfolge wiederholen sich, und die Kinder fühlen sich verunsichert. Sie haben Angst vor erneutem Versagen und wissen nicht, wie sie es vermeiden können. Sie erleben, dass sie etwas nicht können, was den anderen Kindern offensichtlich ganz leichtfällt.

Die Verunsicherung wächst und wirkt sich negativ auf das Selbstwertgefühl der Kinder aus. Sie erleben sich selbst als Versager. Und dann geschieht etwas Entscheidendes: die Kinder entwickeln Strategien, um ihr Selbstwertgefühl zu schützen. Sie sagen sich selbst, dass diese schulischen Inhalte unwichtig oder uninteressant sind und dass sie sie auch nie wieder brauchen werden. Das ist eine gute Strategie, um Misserfolge abzuschwächen und um sich selbst zu schützen. Allerdings ist es keine gute Strategie, um erfolgreich zu lernen.

Die Kinder erleben immer wieder, dass ihre Anstrengungen nicht zum Ziel führen und schließen daraus, dass Anstrengung offenbar keinen Sinn hat. Woraufhin sie beginnen, **Anstrengung zu vermeiden**. Sie nehmen keine Hausaufgaben mehr an, lernen nicht für Prüfungen und passen im Unterricht kaum noch auf. Damit können sie ihr Selbstwertgefühl schützen. Sie können sich nämlich sagen: „Wenn ich es wirklich gewollt hätte und mich angestrengt hätte, dann hätte ich es auch geschafft!"

Durch die Reduzierung der Anstrengung kommen sie nun noch öfter in Situationen, in denen sie die erwarteten Leistungen nicht erbringen können, und die Schwierigkeiten breiten sich aus. War es bei Paula anfänglich nur das Lesen und Schreiben, das ihr Schwierigkeiten bereitet hat, so werden später auch die anderen schulischen Bereiche in Mitleidenschaft gezogen.

Ein Verhalten, das ursprünglich dazu dienen sollte, sich zu schützen, hat nun fatale Folgen für das Kind: Es entstehen immer größere Wissenslücken, die ihrerseits zu neuen Misserfolgen führen, was zu einer weiteren Schädigung des Selbstvertrauens führt. Damit kommt der Teufelskreis in Gang, aus dem ein Ausbrechen immer schwieriger wird, je länger das Rad sich dreht!

Ein Kind kann auf die fortgesetzten Entmutigungen und Kränkungen, denen es in der Familie und in der Schule ausgesetzt ist und denen es nichts entgegenzusetzen hat, auf verschiedene Arten reagieren. Manche versuchen, die Anerkennung auf anderen Gebieten zu erreichen, zum Beispiel durch Handlungen, die sich die anderen Kinder nicht trauen: Störung des Unterrichts, Zappeln, Kaspern, **demonstratives Gelangweiltsein bis hin zu offener Aggression** und möglicherweise sogar kriminellen Handlungen. Es gibt Kinder, die sehr aggressiv reagieren. Das kann sich gegen Eltern, Geschwister, Lehrkräfte, Schulkamerad:innen oder Nachbarn richten. Sie bringen damit einen weiteren Teufelskreis in Gang: Auf ihre Aggressionen wird die Umwelt mit Strafe, das heißt ihrerseits mit Aggression reagieren, was den Mechanismus, der die ursprüngliche Aggression der Kinder hervorgerufen hat, noch weiter verstärkt.

Es gibt aber auch Kinder, die auf die ständige Überforderung defensiv reagieren. Sie fallen weniger auf als die *Störer* und erscheinen auf den ersten Blick einfacher im Umgang, sind jedoch mindestens genauso tief verunsichert. Diese Kinder ziehen sich immer weiter zurück und versuchen, möglichst nicht aufzufallen. Sie trauen sich im Unterricht nicht mehr, etwas zu sagen und verstummen auch außerhalb der Schule immer mehr. Meist bleibt es nicht beim „Nicht Mitmachen" im Unterricht. Die *Antriebsschwäche*, die *Schlappheit*, die *Interesselosigkeit* dieser Kinder wird immer größer. Sie haben zu nichts mehr Lust und ziehen sich immer mehr zurück.

ZUSAMMENFASSUNG DER MÖGLICHEN FOLGEN:

AKTIVE REAKTIONEN

- Störungen des Unterrichts
- Arbeitsverweigerung
- Anstrengungsvermeidung
- Hefte verlieren
- Verweigerung der Hausaufgaben
- aggressives Verhalten
- unsoziales Verhalten
- Provokationen
- Schule schwänzen
- Mobbing
- Delinquenz

PASSIVE REAKTIONEN

- Konzentrationsschwäche
- Unaufmerksamkeit
- Hausaufgaben „vergessen"
- Tagträume
- langsames Arbeitstempo
- Lernblockaden
- fehlende Motivation
- Anstrengungsvermeidung
- Antriebsschwäche
- Ängstliches Verhalten
- Unsicherheit
- Unselbstständigkeit
- Niedergeschlagenheit, Depressionen
- psychosomatische Störungen (Kopfweh, Bauchweh, Übelkeit)

Je stärker ein Kind reagiert, desto größer wird der Druck der Umwelt. Neue Kränkungen und Entmutigung bewirken eine Verstärkung seiner seelischen Panzerung. Der Teufelskreis dreht sich weiter.

Wenn dieser Teufelskreis nicht frühzeitig durchbrochen wird, so ist die Folge eine stabile negative Lernstruktur und der Aufbau einer misserfolgsorientierten Motivationslage.[3]

Das Problem ist, dass der Teufelskreis auch dann noch bestehen bleibt, wenn die ursprünglichen Auslöser wegfallen. Das negative Verhalten kann sich so verfestigen, dass sich auch durch eine Beseitigung der ursprünglichen Ursache nichts mehr daran ändert. Der Teufelskreis dreht sich dann auch weiter, wenn Jugendliche die Schule verlassen.

Gerade Jugendliche, die in der Schule Schwierigkeiten hatten, suchen ihren Karriereweg in einem Ausbildungsberuf, weil sie dem schulischen System entfliehen wollen.

Jene Verhaltensstrategien, die sich zum Schutz des Selbstwertgefühls im Kontext Schule entwickelt haben, werden in einen neuen Kontext, zum Beispiel in den Ausbildungskontext mitgenommen.[4]

Ausbilder:innen klagen dann über Auszubildende, die sich nicht anstrengen wollen, die Arbeit verweigern, zu spät kommen, sich aggressiv verhalten oder sehr unselbständig, unkonzentriert und unsicher erscheinen. Häufig sind disziplinarische Maßnahmen und schlechte Beurteilungen die Folge, welche den Teufelskreis weiter stabilisieren und ausweiten.

---

[3] Siehe hierzu Essential „Lerntheoretische Hintergründe"

[4] Schlimmstenfalls flüchten sich Jugendliche aus Versagensängsten oder um ihre seelischen Verletzungen auszuhalten in Alkohol und Drogen. Entsprechend bringen manche jungen Menschen manifeste Alkohol- oder Drogenprobleme in ihre Ausbildung mit.

2.2 Was sind Lernschwierigkeiten?

Betrachtet man den Teufelskreis der Lernschwierigkeiten, so rücken Lernstörungen zu Beginn der Schulzeit als Auslöser des Teufelskreises in den Fokus. Diese werden im Folgenden exemplarisch betrachtet.

Im schulischen Kontext versteht man unter dem Begriff Lernschwierigkeiten, dass subjektive Leistungsvoraussetzungen zur Bewältigung gestellter Lernanforderungen fehlen bzw. ungenügend ausgeprägt sind, so dass der/die Lernende bestimmte Lerninhalte auch mit großer Anstrengung nur teilweise oder gar nicht bewältigt.[5] Zu den subjektiven Leistungsvoraussetzungen gehören Kenntnisse, Fähigkeiten und Fertigkeiten, aber auch die Motivation spielt hier eine Rolle. Lernschwierigkeiten liegen immer dann vor, wenn die Leistungen einer/s Schüler:in unterhalb einer bestimmten Erwartung liegen, sei es im Vergleich mit Anderen oder mit den eigenen vorangegangenen Leistungen.

Die Ursachen für Lernschwierigkeiten liegen jedoch nicht nur in der Persönlichkeit des/der Lernenden, sondern haben immer auch mit den Rahmenbedingungen zu tun, in denen der Lernprozess stattfindet. Denn Lernschwierigkeiten treten nur in bestimmten Situationen und unter bestimmten Bedingungen auf.

Es gibt in diesem Zusammenhang eine Reihe ähnlicher Begriffe, die an dieser Stelle kurz gegenübergestellt werden sollen:

- **Lernschwierigkeiten** ist der Oberbegriff für Lernbehinderung, Lernschwäche und Lernstörung.
- **Lernbehinderung** bezeichnet eine Intelligenzminderung, die sonderpädagogischen Förderbedarf indiziert.
- Als **Lernschwäche** wird eine Diskrepanz zwischen Intelligenz und Schulleistung bezeichnet.

So handelt es sich bei einer *Lese- und Rechtschreibschwäche* oder *Rechenschwäche* zum Beispiel um eine *Lernstörung*, da eine erhebliche Diskrepanz zwischen Intelligenz und Schulleistung besteht. Eine weitere Unterscheidung in (1) defizitäre und (2) strukturelle Lernstörungen wird von Betz/Breuninger[6] getroffen:

Von (1) defizitären Lernstörungen spricht man, wenn eine Grundfunktion, die zum Lernen erforderlich ist, entweder ganz ausfällt, beeinträchtigt ist oder verzögert entwickelt wird. Defizitäre Lernstörungen lassen sich durch intensives Training oder Kompensation der Funktion beheben.

Für das Lesen- und Schreibenlernen ist es zum Beispiel wichtig, Buchstaben im Hören sicher erkennen und unterscheiden zu können (zum Beispiel „wachen" und „waschen"). Dass dies richtig gelingt, ist eine Grundfunktion für das Lernen von Lesen und Schreiben. Kann ein Kind diese Unterscheidung nicht hören, spricht man von einer defizitären Lernstörung.

Eine (2) strukturelle Lernstörung kann infolge einer defizitären Lernstörung entstehen: In der Regel führen defizitäre Lernstörungen zu Misserfolgen und damit zu Stress und Überforderung für die betroffenen Kinder. Sie erleben Kränkungen und Demütigungen und versuchen ihr verletztes Selbstwertgefühl zu retten, indem sie in anderen Bereichen, z.B. beim Sport oder im sozialen Bereich, Erfolge anstreben. Gelingt diese Kompensation nicht, ist die Frustration fast noch größer als die Lernstörung selbst. Je nach Persönlichkeit, Temperament und Umweltbedingungen wenden sich viele aggressiv gegen ihre Umwelt oder ziehen sich resigniert zurück.

Jede defizitäre Lernstörung kann in eine strukturelle Lernstörung übergehen.
Das Beispiel von Paula zeigt eindrücklich auf, wie aus einer defizitären Lernstörung eine strukturelle werden kann. Eine Auswahl der häufigsten Lernstörungen sei im Folgenden kurz dargestellt.

---

[5] Schulz, 1995: S. 15
[6] Betz/Breuninger, 1998

Was ist eine Lese-Rechtschreibstörung/Legasthenie?

Ein häufiger Grund für die Entstehung des oben aufgezeigten Teufelskreises und damit für schulischen Misserfolg, Enttäuschungen und Leid sind die sogenannten Teilleistungsstörungen. Darunter versteht man Leistungsdefizite in begrenzten Funktionsbereichen.

Eine der häufigsten im schulischen Zusammenhang auftretende Teilleistungsstörung ist die Lese-Rechtschreibstörung. Diese ist eine schwerwiegende Beeinträchtigung des Erlernens von Lesen und Rechtschreibung. Die Störung ist vermutlich angeboren und tritt gehäuft bei Verwandten ersten Grades auf, was auf eine erbliche Komponente hinweist. Legasthenie ist *nicht* die Folge von unzureichender schulischer Lernanregung, einer Intelligenzminderung oder fehlender individueller Anstrengung („Faulheit"). Im Schulalter sind mindestens vier Prozent aller Schüler:innen schwerwiegend von einer Lese-Rechtschreibstörung betroffen, Jungen häufiger als Mädchen. Die Störung ist hochgradig stabil und nur schwer therapierbar. Vor allem Probleme mit der Rechtschreibung bleiben oft bis ins Erwachsenenalter bestehen.

Anzeichen der Lesestörung sind langsames, stockendes Lesen, Auslassen, Ersetzen, Verdrehen oder Hinzufügen von Worten oder Wortteilen, Vertauschen von Wörtern im Satz oder von Buchstaben in den Wörtern, Startschwierigkeiten beim Vorlesen, langes Zögern oder Verlieren der Zeile im Text, ungenaues, nicht sinnhaftes Betonen beim Lesen, Unfähigkeit, Gelesenes wiederzugeben, aus Gelesenem Schlüsse zu ziehen oder Zusammenhänge zu sehen.

Anzeichen der Rechtschreibstörung sind alle denkbaren Arten von Rechtschreibfehlern (es gibt keine *typischen* Fehler!) wie zum Beispiel Umstellungen von Buchstaben im Wort, Auslassungen von Buchstaben, Verdrehungen von Buchstaben im Wort, Fehlerinkonsistenz, bei der ein- und dasselbe Wort immer wieder unterschiedlich fehlerhaft und zwischendurch auch richtig geschrieben wird usw. Weitere Anzeichen sind generelle Probleme beim schriftlichen Ausdruck. Dabei gelingt es auch nach helfenden Hinweisen meist nicht, den Fehler zu erkennen und zu verbessern.

Viele Kinder mit Legasthenie sind bis zur Einschulung in ihrer Entwicklung unauffällig, und sie haben sich auf die Schule gefreut. Die Kinder möchten lesen, schreiben und rechnen lernen. Umso größer ist ihre Enttäuschung, schließlich auch ihre Verzweiflung, wenn sie merken, dass dies nicht gelingen will, so sehr sie sich auch bemühen.

Häufig wird mangelnde Konzentration als Ursache für die Probleme der betroffenen Kinder beim Lesen und Rechtschreiben vermutet. Die Ursache besteht aber meistens darin, dass sie beim Schreiben oder Lesen *abgehängt* wurden und sich dann anderweitig beschäftigen. Es ist daher wichtig, zu erkennen, dass die Konzentrationsstörung meist eine Folge der Lese-Rechtschreibstörung ist und nicht ihre Ursache! Des Weiteren sind allgemeines schulisches Versagen, Lernunlust, Schulangst und körperliche Beschwerden sowie auffälliges Verhalten häufige Folgen der Lese- und Rechtschreibstörung. Diese Effekte haben gravierende Auswirkungen auf die psychische wie auch die schulische und berufliche Entwicklung. Typisch ist auch eine Belastung der familiären Situation.

Es ist darum außerordentlich wichtig, die Lese-Rechtschreibstörung möglichst früh zu erkennen, um mit einer speziellen Therapie entgegensteuern zu können.[7]

[7] Weitere Informationen, Unterstützungsangebote sowie auch Beratung im Ausbildungskontext stellt der Bundesverband Legasthenie & Dyskalkulie e.V. zur Verfügung, siehe www.bvl-legasthenie.de

Was ist eine Rechenstörung?

Eine weitere häufig auftretende Teilleistungsstörung, die im schulischen Zusammenhang auftritt, ist die Rechenstörung (Dyskalkulie).

Diese Rechenstörung gilt ebenfalls als „umschriebene Entwicklungsstörung der schulischen Fertigkeiten". Auch hier liegt eine isolierte Schwäche bei normaler beziehungsweise hoher Intelligenz vor, allerdings ist bei der Dyskalkulie die Rechenleistung betroffen. Man geht davon aus, dass bei der Dyskalkulie das neuronale Netzwerk unterschiedlicher Gehirnregionen, die am Rechnen beteiligt sind, verändert ist. Es gibt Hinweise darauf, dass folgende Funktionsweisen des Gehirns modifiziert sein können:[8] das numerische Mengenverständnis, die sprachliche Verarbeitung von Faktenwissen (z.B. bei einstelligen Multiplikationen) und das Verständnis für Zahlenräume.

Mögliche Anzeichen für eine Dyskalkulie können sein:[9]

- Keine Entwicklung eines grundlegenden Verständnisses für Mengen und Maße (Zeit, Geld, Länge...)
- Schwierigkeiten bei der Zuordnung von Mengen und Verhältnisangaben (mehr, weniger, kleiner, größer)
- Probleme beim Abzählen von Gegenständen und der Zuordnung von Mengen zu Zahlen
- Schwierigkeiten beim Ablesen der Uhr
- Probleme und Wissenslücken beim Benennen und Schreiben von Zahlen
- Wenig oder kein Verständnis für die mathematische Logik; beispielsweise bleiben Rechenschritte unverständlich, werden auswendig gelernt und können dann bei abweichender Aufgabenstellung nicht angewendet werden
- Aufgaben werden nur sehr langsam gelöst, auch noch in höheren Klassenstufen oft durch Abzählen (z.B. mit den Fingern)
- Zahlen können als grundsätzliche Mengenangabe nicht eingeordnet und angewendet werden; jede Zahl wird immer wieder neu durchgezählt

- Rechenarten werden verwechselt
- Schwierigkeiten, Fragestellungen von Textaufgaben in Rechenoperationen „zu übersetzen"

Was ist AD(H)S?

Die Aufmerksamkeitsdefizit (ADS)-/-Hyperaktivitäts-Störung (ADHS) wird heute als eines der häufigsten Krankheitsbilder im Kindes- und Jugendalter beschrieben.[10]

Die Bundeszentrale für gesundheitliche Aufklärung (BZgA) beschreibt ADHS als verminderte Fähigkeit zur Selbststeuerung bei Kindern und Jugendlichen. Die Störungen treten dabei hauptsächlich in drei Bereichen auf:

- Aufmerksamkeits- und Konzentrationsstörungen
- Ausgeprägte körperliche Unruhe und starker Bewegungsdrang (Hyperaktivität)
- Impulsives und unüberlegtes Handeln

Fehlt das Merkmal der Hyperaktivität, so wird von einer Aufmerksamkeitsdefizitstörung (ADS) gesprochen.[11]

---

[8] Vgl. https://www.bvl-legasthenie.de/dyskalkulie/ursachen.html
[9] Vgl. https://www.bvl-legasthenie.de/dyskalkulie/symptomatik.html
[10] BZgA, 2014: S. 5
[11] BZgA, 2014: S. 5

Folgende Diagnosekriterien werden bei der Diagnostik für ADHS zugrunde gelegt:[12]

AUFMERKSAMKEIT

1. Beachtet häufig Kleinigkeiten nicht. Macht häufig Flüchtigkeitsfehler bei der Arbeit.
2. Hat häufig Schwierigkeiten, längere Zeit die Aufmerksamkeit bei Aufgaben aufrechtzuerhalten.
3. Scheint häufig nicht zuzuhören, wenn andere sprechen.
4. Führt häufig Anweisungen anderer nicht vollständig aus.
5. Hat häufig Schwierigkeiten, Aufgaben und Aktivitäten zu organisieren.
6. Vermeidet häufig Aufgaben, die länger dauern, bearbeitet sie nur widerwillig.
7. Verliert häufig Gegenstände.
8. Lässt sich durch äußere Reize leicht ablenken.
9. Ist bei Alltagstätigkeiten häufig vergesslich.

HYPERAKTIVITÄT

1. Zappelt mit Händen und Füßen herum.
2. Steht auf, wenn Sitzenbleiben erwartet wird.
3. Läuft und klettert herum, wenn es unpassend ist.
4. Hat Schwierigkeiten ruhig zu spielen, sich ruhig zu beschäftigen.
5. Zeigt ein anhaltendes Muster exzessiver motorischer Aktivität

IMPULSIVITÄT

1. Platzt häufig mit Antworten heraus, bevor die Frage zu Ende gestellt ist.
2. Kann in Gruppensituationen nur schwer abwarten bis er/sie an der Reihe ist.
3. Unterbricht und stört andere häufig.
4. Redet häufig viel, ohne auf angemessene soziale Beschränkungen zu regieren.

Für eine ärztliche Diagnose von ADHS müssen mehrere der beschriebenen Symptome deutlich ausgeprägt sein, über einen längeren Zeitraum (sechs Monate) bestehen, in mehreren Lebensbereichen auftreten, im Vorschulalter begonnen haben und von der altersgemäßen Entwicklung abweichen.

In der Pubertät klingen die Symptome der Hyperaktivität bei den Betroffenen mitunter ab. Impulsivität und Aufmerksamkeitsstörungen bleiben aber bestehen, was in weiterer Folge zu schlechten Schulleistungen, aber auch zu dissozialem Verhalten und Aggressivität führen kann. Kinder und Jugendliche mit ADHS können neben den Kernsymptomen weitere Begleitstörungen als Folge des ADHS zeigen, wie z.B. Störungen des Sozialverhaltens, Angststörungen, Depressionen, Teilleistungsstörungen.[13]

ADHS ist als Diagnose nicht unumstritten. Lebhafte Kinder mit hohem Bewegungsdrang sind nicht zwangsläufig hyperaktiv! Jugendliche, die sich auf ihre Aufgaben nicht konzentrieren können, leiden möglicherweise pubertätsbedingt an Konzentrationsstörungen aufgrund neuronaler Umbauprozesse in ihrem Gehirn. Zusätzlich beeinflussen gesellschaftliche Veränderungen im Hinblick auf die stetig zunehmende Mediennutzung die Aufmerksamkeit von Kindern und Jugendlichen, aber auch von Erwachsenen. Die durch die Medienvielfalt stetig zunehmende Informationsflut erschwert es allen Menschen, Informationen in einem individuell passenden Maß zu filtern und zu verarbeiten.

Insbesondere im Zusammenhang mit einer medikamentösen Behandlung ist Vorsicht geboten. Die am häufigsten im Zusammenhang mit ADHS verwendeten Medikamente enthalten den Wirkstoff Methylphenidat und sind bekannt unter den Produktbezeichnungen Ritalin und Medikinet. Der Einsatz von Medikamenten sollte stets für den Einzelfall im Rahmen einer ärztlichen Behandlung abgewogen werden. Vor einer medikamentösen Behandlung sollten alle anderen therapeutischen Maßnahmen ausgeschöpft sein. Wie bei jeder derart folgenreichen Entscheidung[14] erscheint es sinnvoll, Zweit- oder Drittmeinungen einzuholen und sich auch nach alternativen Behandlungsmethoden umzusehen. Die aktuelle Datenlage lässt keine endgültigen Schlüsse in Bezug auf die Sicherheit und Unbedenklichkeit von Langzeittherapien mit Methylphenidat zu[15].[16]

---

[12] BZgA, 2014: S. 10

[13] BZgA, 2014: S. 5

[14] Eine Forschungsgruppe um Cheima Bouziane stellt in einer randomisierten medizinischen Studie in der Magnetresonanztomografie (MRT) Veränderungen im Gehirn behandelter junger Menschen fest, die auf strukturelle Veränderungen des Gehirns durch die Behandlung mit Methylphenidat hindeuten (vgl. Bouziane et al.: 2019). Auch wenn die genaue Bedeutung dieser Beobachtung noch unklar ist, so weist das doch darauf hin, dass dieser Wirkstoff das Gehirn junger Menschen verändert.

[15] Vgl. Grundnig, 2017: S. 56

[16] Weitere Informationen, Unterstützungsangebote sowie auch Beratung im Ausbildungskontext finden sich unter https://www.adhs-deutschland.de.

Teil 3

Warum entstehen gerade in der Pubertät
herausfordernde (Lern-)Situationen?

3.1 **Welche Entwicklungsaufgaben haben junge Menschen in der Pubertät?**

Die Adoleszenz, also die Lebensspanne, in der sich ein junger Mensch vom Kind zum Erwachsenen entwickelt, bringt einschneidende Veränderungen mit sich. Besonders gilt das für die Pubertätsphase als Teil der Adoleszenz[17], die den entwicklungsphysiologischen Verlauf der Geschlechtsreifung benennt. Sie vor allem stellt das Leben junger Menschen auf den Kopf. Der Körper und die Gefühle spielen verrückt, und Jugendliche müssen mühsam lernen damit klarzukommen. Sehr vieles, was junge Menschen bisher unhinterfragt als Normalität hingenommen haben, beginnen sie aktiv in Frage zu stellen.[18] Ihr Köper und neue Gefühle sind ihnen ebenso fremd wie ihre Eltern – bislang die natürlichen Autoritäten, Vorbilder und nächsten Bezugspersonen. Erwachsene werden nun kritisch bis ablehnend gesehen und als *nervig, spießig* und *wichtigtuerisch* wahrgenommen. Wirklich wichtig hingegen werden den jungen Menschen in diesem Alter Peergroups und Cliquen, in denen sie ihren Platz finden, sich austesten und ihr *„ganz eigenes Ding"* machen können. Der Wunsch danach, *eigen*, anders und einzigartig sein zu sein, erfordert und führt zu Abgrenzung und dazu, dass vieles, das bisher normal und tragend war, zusammenbricht.

> Das Grundgefühl ist ein Herausfallen aus der bisherigen Welt [...]. In der Negation des Bisherigen versuchen Jugendliche allmählich herauszufinden, was wirklich ihre eigene Identität sein könnte. ‚Probe-Identitäten' werden ausgetestet, die sich an (medialen) Vorbildern orientieren und häufig vom Gefühl der Verwirrung und ‚Identitätsdiffusion' (Erikson) begleitet sind. Bis sich allmählich Konturen einer gefestigten eigenen Identität zeigen, braucht es auch Umwege blinder Identifikation und wütender Ablehnung. In diesem Alter gibt es eine starke Suche nach Wahrheit, nach Werten und Idealen, die allerdings zunächst nur in der Vorstellung vorhanden sind und nur selten bereits verwirklicht werden können."[19]

Jugendliche nabeln sich in diesem Alter also ab, wollen *endlich* sie selbst sein und ihre ganz individuelle, einzigartige und erwachsene Persönlichkeit darstellen – *ohne dies jedoch schon zu sein* und es bereits (konsistent) „leben" zu können.[20]

Junge Menschen wollen und müssen sich abgrenzen, um sich zur eigenständigen Persönlichkeit zu entwickeln. Auf der anderen Seite ist genau das aber fürchterlich anstrengend für sie. Denn es geht darum, Altes abzuwerfen, *obwohl Neues noch nicht da ist*, sondern erst gefunden und gebildet werden muss.[21]

Dabei findet in den verschiedensten Lebensbereichen in der Pubertät eine Art Neusortierung statt, und neue Entwicklungsaufgaben treten auf den Plan: Sozial geht es um die zunehmende Fähigkeit, sich in die Erwachsenenwelt zu integrieren, körperlich ist man einem biologischen Schicksal ausgesetzt, mit dem man klarkommen muss (v.a.: Geschlechtsreife und Entwicklung der Sexualität), und emotional überwiegt bei vielen das *Gefühlschaos*. Die Herausforderungen liegen entsprechend darin, schrittweise seinen Platz zu finden, sich mit seinem *neuen* körperlichen Erscheinungsbild und Verlangen zu arrangieren und zunehmend die Fähigkeit zu entwickeln, seine Gefühle zu regulieren. Und das muss alles unter erschwerten Bedingungen passieren, da alles in dieser Phase im Umbau ist und die Konturen des Neuen erst nach und nach entstehen (können).

Das gilt auch für das Gehirn. So schreibt der Hirnforscher Romuald Brunner darüber, was in der Pubertät im Gehirn eines jungen Menschen geschieht:

> Wir haben im Emotionszentrum einen starken Zuwachs und im Vorderhirn eine Verspätung. Und diese Diskrepanz, diese mangelnde Balance, starke Gefühle zu erleben und sie gleichzeitig nicht richtig kontrollieren zu können, scheint auch eben zu dieser mangelnden Verhaltenssteuerung beizutragen."[22]

---

[17] Als Adoleszenz wird das Lebensalter ca. vom 10. bis zum 18. Lebensjahr bei Mädchen und ca. dem 12. und 21. Lebensjahr bei Jungen bezeichnet. Die Pubertät wird von Mädchen i.d.R. zwischen dem 10. und 18. Lebensjahr, bei Jungen zwischen dem 12. und 21. Lebensjahr durchlaufen.
[18] Vgl. sinngemäß: Munz, 2005: S. 37
[19] Munz, 2005: S. 37
[20] Vgl. Brater/Schrode, 2016: S. 2
[21] Vgl. Brater/ Schrode, 2016: S. 2
[22] Deutschlandfunk Kultur, 2015: Romuald Brunner im Gespräch mit Ute Welty

Auch die für dieses Alter als typisch geltende Schwierigkeit, mit den eigenen Emotionen umzugehen, geht also auf den Sachverhalt zurück, dass Neues gefordert ist – und zugleich noch gar nicht komplett da ist!

Diese paradoxe Herausforderung wurde allerdings schon lange vor den neueren Erkenntnissen der Gehirnforschung erkannt. So spricht Maria Montessori beispielsweise in Bezug auf das Erwachsenwerden von einer „zweiten Geburt" und sagt: „Das Individuum wird zu einem sozialen Neugeborenen."[23]

Junge Menschen in dieser Phase führen also letztlich ein Leben *im Vorgriff*: Sie gehen, metaphorisch gesprochen, in den Schuhen eines Erwachsenen, obwohl diese ihnen noch einige Nummern zu groß sind. Doch nur so haben sie die Chance, in diese Schuhe hineinzuwachsen: Erwachsen wird man anders gesagt nur, indem man es für sich beansprucht, indem man also zunächst einmal so tut, als ob man es bereits wäre, *obwohl* man es noch nicht ist, noch nicht sein kann. Doch indem man es tut, lernt man es – mit allen schmerzlichen Erfahrungen, die dazu gehören.[24]

Die Pubertät kann also letztlich als ein herausforderndes, krisenhaftes persönliches Entwicklungs- und Lernprojekt verstanden werden.

EXKURS
Lebensphasen und Krisen

Jede biografische Phase birgt ihre Lernherausforderungen, ihre Krisen und Chancen. Krisen und Wendepunkte stellt insbesondere der deutsch-amerikanische Psychologe Erik H. Erikson (1902 – 1994) in den Mittelpunkt seiner Biografie-Darstellungen. Er verweist darauf, dass der Übergang von einer Lebensphase in die nächste zumeist mit einer Krise einhergeht (Die „Krise der Geburt" steht am Anfang des Auf-die-Welt-Kommens; in der Pubertät wird die „Krise der Reifung" erlebt; gegen das 30. Lebensjahr die „Krise durch die Erfahrung"; um das 40. Lebensjahr die „Krise durch die Erfahrung der Grenze"; gegen Ende des fünften Lebensjahrzehnts die „Krise der Loslösung").[25] –

Man sollte sich vergegenwärtigen, dass in der Pubertät diese krisenhafte Herausforderung jedoch letzten Endes zunächst einmal auf Kinder(!) trifft, auf junge Menschen, für die der Verlust an Geborgenheit und Führung völlig ungewohnt ist und deshalb mit großen Unsicherheiten und Fremdheitsgefühlen einhergeht. Und auch die Regulationsmechanismen dafür, mit diesen Gefühlen umzugehen, haben sie als Jüngere noch nicht im erforderlichen Maß ausgebildet und müssen sie daher – man könnte sagen: ausgerechnet jetzt, mitten in diesem gravierenden Umbruch, entwickeln.

Dass junge Leute im Vorgriff leben, folgt einem Entwicklungsgedanken: Das Neue – also erwachsen zu sein – kann nicht *übernommen* werden, sondern muss *selbst gebildet* werden. Eine *Rollenübernahme* ist nur im Bezug auf soziale Rollen möglich, nicht aber für die Identitätsbildung. Das heißt: Am Rollenverhalten eines Erwachsenen können junge Menschen sich viel abschauen, wie sie selbst als Erwachsener agieren wollen. Identität und Persönlichkeit hingegen können nicht übernommen werden, weil sie ja gerade individuell und damit einmalig sind. Die Fragen, die junge Menschen in dieser Phase selbst beantworten müssen, lauten:

„Wer bin ich denn eigentlich?"- „Was will ich in meinem Leben?" - „Wo braucht mich die Welt?"[26]

Neben der Herausforderung, sich mit seinem sich verändernden Körper neu zu verbinden und zu erlernen, ungewohnte eigene Gefühle zu beherrschen, bestehen wichtige Entwicklungsaufgaben der Pubertät also darin,

1. Selbstbild und „Ich-Identität"[27] zu entwickeln,
2. Urteils- und Entscheidungsfähigkeit zu formen und einen eigenen Willen auszubilden,
3. neuen Weltbezug herzustellen und Verantwortungsbereitschaft und Sozialität zu üben.

[23] Montessori, 1979: S. 98
[24] Vgl. Brater/ Schrode, 2016: S. 2
[25] Siehe: Erikson, 2013
[26] Brater, 1997: S. 151
[27] Brater, 1997: S. 149

Die Pubertät ist damit eine Phase des Fragens und des In-Frage-Stellens und Neufindens in Bezug auf sich selbst, die Welt und die eigenen Möglichkeiten, in ihr zu wirken. Natürlich läuft Pubertät entsprechend fast nie geräuschlos, nicht ohne das ein oder andere *Ruckeln* und *Holpern* ab.

Verständnis dafür kann schon die Einsicht in die immense Veränderung des Gehirns in diesem Alter schaffen. Selbst renommierte Hirnforscher gehen so weit zu sagen, Pubertät bedeute: „Gehirn wegen Umbau geschlossen"[28]. Denn, wie oben bereits aufgegriffen, gilt auch für die synaptischen Vernetzungen und Verschaltungen im Gehirn: Unterschiedliche Areale reifen in dieser Altersspanne nicht synchron. Was sich körperlich und sozial äußert, zeigt sich also auch gehirnphysiologisch: Alles wächst irgendwie, aber eben nicht gleich schnell, das meiste ist noch nicht aufeinander abgestimmt, noch im *Probelauf* und läuft entsprechend noch nicht rund. Die logische Folge: Es *holpert* und *kracht*!

> Konflikte mit Eltern oder Gleichaltrigen, überschießende Gefühle, starkes Anecken in der Pubertät erkläre sich möglicherweise damit, ‚dass die kognitive, die gedankliche Steuerungsfähigkeit eingeschränkt ist'."[29]

Vor dem Hintergrund eines solchen *Chaos* im Gehirn und im ganzen Leben junger Menschen in der Pubertät ist es nicht verwunderlich, dass sich auch im Bereich von Bildung und Lernen in dieser Phase bei einigen Jugendlichen Schwierigkeiten äußern. Und es ist auch normal, dass manche es besser schaffen, damit umzugehen, und andere größere Schwierigkeiten haben.

Doch gerade in der Berufsausbildung liegen für junge Menschen viele Möglichkeiten und Potenziale, die Entwicklungsaufgaben dieser biografischen Phase anzugehen. Wird in der Gestaltung der Ausbildung auf bestimmte Aspekte geachtet, kann sie Jugendliche in ihrer Entwicklung stark unterstützen.

3.2 Worin liegt das Potenzial der Ausbildung, junge Menschen in ihren Entwicklungsaufgaben zu unterstützen?

Zunächst hilft es, sich als Ausbilder:in immer wieder zu vergegenwärtigen, vor welchen Entwicklungsaufgaben junge Menschen eigentlich stehen. Zwar haben viele Erwachsene vergessen, wie es ihnen selbst in der Pubertät ergangen ist. Wer jedoch mit jungen Menschen arbeitet, tut gut daran, sich an seine eigenen *Irrungen* und *Wirrungen* zu erinnern. Das hilft dabei, Auszubildenden und ihren altersbedingten Schwierigkeiten und Marotten mit der nötigen Gelassenheit zu begegnen, sie verständnisvoll – und vielleicht auch humorvoll augenzwinkernd – anzunehmen und den Lernprozess vom Kind/Jugendlichen zum Erwachsenen anzuerkennen und sensibel und wohlwollend zu begleiten. So können die Heranwachsenden am Beispiel der *erfolgreich erwachsen Gewordenen* erleben, dass die Phase der Pubertät nicht von Dauer ist, und ihr Vertrauen in die Zukunft kann gestärkt werden.

Das persönliche Akzeptieren der Auszubildenden drückt sich vor allem in der Haltung der Ausbilder:innen aus: Darin, Jugendliche als Erwachsene zu behandeln, sie mit ihrem Anspruch also ernst zu nehmen – trotz des eigenen Wissens darüber, dass der Erwachsene im Jugendlichen noch nicht immer anwesend ist, sondern sich erst ausbilden, reifen muss. Doch diese *Reifung* kann nur auf dem passenden *Nährboden* entstehen: Nur wenn junge Leute wie Erwachsene behandelt werden, können sie auch lernen, tatsächlich wie Erwachsene zu handeln. Man könnte auch sagen: Nur wenn man sie wirklich ernst nimmt und ihnen auf Augenhöhe begegnet, können sie *(er)wachsen (werden)*. Vielleicht findet sich sogar die Zeit und ein geeigneter Rahmen, sich mit den Auszubildenden über die Pubertätserfahrungen der Ausbilder:innen, über Gemeinsamkeiten und Unterschiede auszutauschen.[30] Auf jeden Fall sollten sich Ausbilder:innen darüber klar sein, dass in der Ausbildung Angehörige unterschiedlicher Generationen miteinander zu tun haben und ihre jeweiligen altersspezifischen Blickwinkel mehr oder weniger bewusst eine Rolle spielen.

---

[28] Deutschlandfunk Kultur, 2015: Romuald Brunner im Gespräch mit Ute Welty
[29] Deutschlandfunk Kultur, 2015: a.a.O.
[30] Im Modellversuch „fleXkom – Kompetenzen für die eigenständige und flexible Gestaltung der Berufslaufbahn"
      führte dies zu einem deutlich verbesserten Verhältnis zwischen Auszubildenden und Ausbilder:innen.
      Siehe auch: https://www.gab-muenchen.de/de/detail-27_13_277-flexkom.htm, sowie Munz, 2007, a.a.O.

Es ist wichtig, dass sich Ausbilder:innen ihres möglichen Beitrags zu einer guten Bewältigung der biografischen Krisen der Pubertät bewusst sind: Ausbilder:innen ermöglichen und begleiten Lern- und Entwicklungsprozesse. Für die Entwicklungsaufgaben, die die Pubertät mit sich bringt, haben sie letzten Endes *pädagogisches Gold* in Form von realen Arbeitsaufgaben zur Verfügung!

Wie ist das zu verstehen?

Lernen in realen Arbeitssituationen zu ermöglichen und begleiten, schafft einen wichtigen Entwicklungsraum für junge Menschen – ganz besonders in dieser Phase des Suchens. Denn „Ich-Identität" auszubilden, kann „nur als realer, krisenhafter Erfahrungsprozess in Auseinandersetzung mit der sozialen Umwelt geleistet werden."[31] Und dafür hat die Berufsausbildung ein bedeutendes jugendpädagogisches Potential.

Es geht in der Ausbildung darum, *in der realen (Arbeits-)Welt verantwortungsvolle Aufgaben zu übernehmen*. Dabei wird spür- und erfahrbar: Gebraucht zu werden, selbst wirksam zu sein, in Teams eingebunden und für sie wichtig zu sein; es wird möglich, Selbstbewusstsein und Sozialkompetenz zu entwickeln, seine eigenen Wege dafür zu finden, sich in der Welt zu verorten, Verantwortung zu übernehmen, Selbststeuerungsfähigkeiten auszubilden. Junge Menschen können in Settings der beruflichen Bildung also lernen, sich sozial in Gruppen einzubinden, Kompetenzen und Autonomie zu entwickeln, zu erleben und ihre eigene Entwicklung zu beobachten, wenn sie fachlich immer besser werden.

Damit können sich Auszubildende zugleich auch die Kompetenzen erarbeiten, die sie für die eigenständige Gestaltung ihrer Berufsbiografie benötigen: Sie entwickeln (Selbst-)Lernkompetenz, erkennen ihre wachsenden Kompetenzen und können diese gezielt weiterentwickeln. Werden biografische Aspekte bewusst thematisiert, lernen sie, dass das Leben sich in Phasen vollzieht, die jeweils unterschiedliche Stärken und Entwicklungsaufgaben mit sich bringen, und sie bilden ein realistisches Selbstbild und Selbstbewusstsein aus, das es ihnen ermöglicht, sich auf dem Arbeitsmarkt authentisch zu präsentieren.

Entscheidend ist dabei, dass Jugendliche echte – also *reale*- Arbeitsaufgaben bekommen und sich daran bewähren können. Aufgaben also, die von Anderen nachgefragt sind und bei denen es Konsequenzen hat, in welcher Qualität man sie bearbeitet hat und übergibt. Künstliche *Als-ob-Situationen*, die die Realität nur nachempfinden – Simulationen, Rollenspiele, etc. – sind dafür weniger geeignet, weil auch ihre Konsequenzen nicht real sind. Wirklich Verantwortung zu übernehmen kann man nur lernen, wenn man *wirkliche* Verantwortung übertragen bekommt. Urteilsfähigkeit kann man nur ausbilden, wenn man wirkliche – d.h. folgenreiche, für Andere und sich selbst bedeutsame – Urteile fällen und Entscheidungen treffen kann.

Aus diesem Grund sind auch Fehler wichtig. Für Ausbilder:innen bedeutet das, dass es wichtig ist, Fehler von Lernenden zuzulassen (solange diese nicht gravierende Folgen für Personen oder das Unternehmen haben). Denn nur, wenn die jugendlichen Lernenden sich auch falsch entscheiden können und dann mit den Konsequenzen umgehen müssen, lernen sie, zu guten, angemessenen Entscheidungen zu kommen und immer bessere Entscheidungen zu treffen. Ein Lernen ohne Fehler ist hier – ebenso wie in anderen Entwicklungsaufgaben – kaum vorstellbar. Die Chance, aus den eigenen Fehlern lernen zu können, verbessert nicht nur die eigene Selbstwahrnehmung, sondern stärkt auch Kritikfähigkeit und Frustrationstoleranz und schafft die Basis dafür, mit schwierigen Situationen und Krisen konstruktiv umgehen zu können.

Die Förderung der Entwicklung von Verantwortungsfähigkeit, von Autonomie sowie der Möglichkeit, Kompetenzen aufzubauen und sich (zunehmend) als kompetent erleben zu können erfordern, dass Auszubildende vollständige Aufgaben möglichst selbstständig bearbeiten dürfen. Denn eine komplexe, vollständige Aufgabe verlangt es, *seinen eigenen Weg* der Bearbeitung zu finden und nach und nach seine eigene Professionalität auszubilden. Eine behutsame Begleitung des selbstständigen Lernens an realen Arbeitsaufgaben[32] ist entsprechend *Gold wert*. Dadurch können berufliche Handlungskompetenzen besser und schneller erworben, aber auch Entwicklungsaufgaben dieser biografischen Phase unterstützt werden.

---

[31] Brater, 1997: S. 158
[32] Siehe Essential „Lernprozessbegleitung"

Teil 4

Was sind die wichtigsten Faktoren, um junge Menschen
mit Lernschwierigkeiten zu unterstützen?

Die Berufspädagogik hat also ein großes jugendpädagogische Potenzial. Doch was hilft den Jugendlichen, die über „normale" Entwicklungserscheinungen hinaus Lernschwierigkeiten ausgebildet haben?

Wie das Beispiel von Paula zeigt, kann es sein, dass Menschen auch als Jugendliche und junge Erwachsene noch an den Folgen der erlebten Misserfolge leiden. Sie trauen sich nichts zu und haben Angst vor Situationen, in denen ihre Leistungen beurteilt werden. Viele von ihnen haben im Laufe der Zeit erfolgreiche Strategien entwickelt, um Leistungssituationen und Herausforderungen gezielt zu vermeiden. Manche überspielen ihre Ängste durch ein besonders forsches, freches oder auch aggressives Auftreten. Andere wirken uninteressiert, unmotiviert und unaufmerksam.

Wenn Ausbilder:innen nun nicht genau hinsehen, kann es leicht passieren, dass auch sie ihre Auszubildenden für *dumm* und *faul* halten. In Wirklichkeit hatten viele dieser jungen Menschen jedoch noch nie eine echte Chance, herauszufinden, was tatsächlich in ihnen steckt.

Die Frage ist nun, was diese jungen Menschen brauchen und wie ihnen geholfen werden kann. Es gibt dabei einiges, was Ausbilder:innen tun können – im vorherigen Abschnitt wurden Möglichkeiten dafür skizziert. Dabei wurde auch deutlich, dass Ausbilder:innen mehr Möglichkeiten haben als die Schule, um den Auszubildenden zu helfen, ihre Lernschwierigkeiten zu überwinden. Denn mit dem Lernen an realer Arbeit haben sie ein wertvolles pädagogisches Mittel an der Hand, das Lehrer:innen nicht zur Verfügung steht. Reale Arbeit vermittelt Sinn, Arbeit für reale Kund:innen schafft Ernsthaftigkeit und Verbindlichkeit und trägt zum Stolz auf die eigene Arbeit bei, der dadurch entsteht, dass andere Menschen bereit sind, für die entstandenen Arbeitsprodukte Geld auszugeben.

Wenn man die Möglichkeiten dafür betrachtet, was Ausbilder:innen also tun können, um diese Chance zu nutzen, spielen zwei Faktoren eine entscheidende Rolle: *Erfolg und Beziehung.*

4.1 **Wie hilft Erfolg?**

Auswahl geeigneter Aufgaben

Entmutigte (junge) Menschen ohne Selbstvertrauen brauchen nichts so dringend wie Erfolgserlebnisse. Nichts spornt mehr an als ein echter Erfolg. Daher ist es so wichtig, dass die gestellten Aufgaben und Anforderungen eine Herausforderung darstellen, auf die man zu Recht stolz sein kann. Menschen mit Lernschwierigkeiten neigen jedoch dazu, Leistungssituationen aus dem Weg zu gehen, und wählen für sich selbst Aufgaben, die entweder zu schwer oder zu leicht für sie sind. Auf diese Weise versuchen sie, zukünftiges Scheitern zu vermeiden. Lassen sich wohlmeinende Lernbegleiter:innen darauf ein, werden sie versucht sein, ihren Lernenden sehr leichte Aufgaben zu geben. Damit zeigen sie ihnen jedoch, dass auch sie nicht an die Lernenden und ihre Leistungsfähigkeit glauben und bestätigen ohne Absicht das negative Selbstbild und die negativen Erwartungen.

Es ist daher wichtig, Aufgaben auszuwählen, die eine echte, aber bewältigbare Herausforderung für den jeweiligen Lernenden darstellen. Schwierige Aufgaben bedeuten einen Vertrauensvorschuss. Sie zeigen den Lernenden, dass ihnen etwas zugetraut wird, dass es jemanden gibt, der an sie glaubt.

Lernprozessbegleitung

Die Auszubildenden können bei der Durchführung dieser schwierigen Aufgaben durch eine individuelle und engmaschige Lern(prozess)begleitung so unterstützt werden, dass sie die Aufgabe auch tatsächlich weitgehend selbständig schaffen.

Mit Hilfe des Lernarrangements (passende Erkundungsaufgaben, Kontrollpunkte und Zwischengespräche nach Bedarf der Lernenden[33]) lässt sich eine komplexe Aufgabe an die individuellen Lernvoraussetzungen der einzelnen Auszubildenden anpassen. Man

---

[33] Siehe dazu: Essential „Lernprozessbegleitung" und Exkurs „Lernprozessbegleitung" weiter unten.

kann eine Aufgabe damit so vorbereiten, dass Über-, aber auch Unterforderung im Verlauf der Bearbeitung vermieden werden können. Ziel dabei ist, soviel wie möglich selbständig bearbeiten zu lassen und gleichzeitig ein Stützsystem bereit zu halten, das bei drohendem Versagen erneute Misserfolge verhindert.

Nur so werden echte tragfähige Erfolgserlebnisse möglich.

Erzielte Erfolge bewusst machen

Nach der Bewältigung der Aufgabe ist es wichtig, dass einem misserfolgsorientierten Jugendlichen bewusst wird, dass ein Erfolg erzielt und etwas gelernt wurde. Auch ein Kind wie Paula hat in der Schule sicher viel gelernt. Das wurde jedoch weder von Paula selbst noch von ihren Lehrer:innen bemerkt, da ihre Lernfortschritte ausschließlich mit den (größeren) Lernfortschritten ihrer Klassenkameraden verglichen wurden. Was sie auch immer gelernt hat, es war scheinbar zu wenig. Ihr eigener individueller Fortschritt wurde nie zur Kenntnis genommen und nie gewürdigt. Daher ist es wichtig, dass neben den sozialen Vergleichen immer auch die individuellen Lernfortschritte gesehen und rückgemeldet werden. Vergleicht man die aktuelle Leistung eines/einer Auszubildenden mit den Leistungen in der Vergangenheit, werden Lernfortschritte sichtbar.

4.2 Wie hilft Beziehung?

Eine weitere wichtige Hilfe für Kinder und Jugendliche, die mit Lernschwierigkeiten aus unterschiedlichen Gründen kämpfen, ist eine gute Beziehung zu ihrem/ihrer Lehrer:in oder Ausbilder:in. Manche schwierigen Jugendlichen haben eine wirkliche Beziehung noch nie erlebt. Deshalb wissen sie nicht, wie sie eine solche aufbauen und pflegen können. Das müssen sie erst lernen.

Das wichtigste, was Ausbilder:innen dazu beitragen können, ist, sich moralisch neutral zu verhalten. Das heißt, Verständnis dafür aufbringen, wenn Auszubildende sich nicht so verhalten, wie sie es sollten. Damit ist nicht gemeint, unangemessene Handlungen gut zu heißen oder zu verharmlosen. Es bedeutet aber, die Person, den Menschen trotzdem wertzuschätzen und darauf zu verzichten, Beurteilungen und Belehrungen auszuteilen.[34]

Gerade die Altersphase von Auszubildenden – die Pubertät - ist eine prekäre Phase, in der auch „Fehlentwicklungen" geschehen können – aber Ausbilder:innen haben als Lernbegleiter:innen eine Reihe von Möglichkeiten, damit umzugehen und Auszubildende dabei zu unterstützen, trotzdem in ihrer Ausbildung erfolgreich zu sein.

Als Ausbilder:in trifft man zugleich immer wieder auch auf Jugendliche, denen es nicht gelungen ist, bestimmte Entwicklungsherausforderungen zu bewältigen. Typische Folgen können psychische Erkrankungen oder Suchterkrankungen sein. Beide sind ein Teil der Ausbildungsrealität und nicht wegzuleugnen. Natürlich resultieren sie nicht immer aus Problemen in der Pubertät – allerdings spielt diese oft eine Rolle.

Im folgenden Abschnitt wird der Frage nachgegangen, wie Ausbilder:innen mit solchen besonders schwierigen – aber immer wieder auftretenden – Problematiken umgehen können.

---

[34] Siehe dazu auch: Abschnitt zur *dialogischen Haltung* im Essential „Gesprächsführung"

Teil 5

Was tun bei psychischen Störungen
und Erkrankungen?

Die vorangegangenen Darstellungen zeigen, dass insbesondere das Jugendalter eine Phase ist, in der sich psychische Störungen und Erkrankungen entwickeln können. Die Ursachen dafür, dass junge Menschen in diesem Alter aus dem Gleichgewicht kommen und es zunächst nicht ohne Weiteres wiederfinden, können dabei vielfältig sein:

> Wachsender Leistungsdruck, der auf den Kindern lastet und gleichzeitig überforderte Eltern, die als Doppelverdiener oder alleinerziehend ihre Berufstätigkeit organisieren müssen [...]. Auch Trennung oder Tod von Vater oder Mutter, schwere Krankheiten oder Mobbing-Erfahrungen können ein Auslöser für seelische Krisen sein."[35]

Aber auch aus den beschriebenen Lernschwierigkeiten und ihrer Persistenz können sich diese begleitenden Erkrankungen ergeben. Ausbilder:innen haben eine Fürsorgepflicht, die auch formell im Berufsbildungsgesetz verankert ist.[36] Diese Fürsorgepflicht macht es besonders notwendig, bei Veränderungen der Auszubildenden aufmerksam zu sein, sie wahrzunehmen und anzusprechen. Viele der nachfolgend beschriebenen Krankheiten haben oft deshalb so lange keine Heilungschancen, weil sie in einer Atmosphäre des Schweigens, des Nicht–Wahr-Haben-Wollens und der Tabus gedeihen können.

Ausbilder:innen haben unter Umständen, möglicherweise aufgrund des bereits entstandenen Vertrauensverhältnisses, Einflussmöglichkeiten auf Lernende, die anderen Akteur:innen sowohl im betrieblichen wie im privaten Umfeld verborgen bleiben. Aus diesem Grund kann es gerade durch die Intervention von Ausbildenden gelingen, dass sich Lernende öffnen und das Schweigen um ein bereits länger bestehendes Problem brechen. Ausbilder:innen können einen wichtigen Beitrag leisten, damit Störungen und Erkrankungen ans Licht kommen. Gleichzeitig ist es aber wichtig, die Grenzen dieser Einflussmöglichkeiten zu erkennen. Denn der therapeutische Umgang bzw. die Behandlung schwerwiegender Krankheitserscheinungen gehört unbedingt in die Hände von Expert:innen.

Ausbilder:innen stehen daher vor vielen Fragen, wenn sie mit jungen Menschen zu tun haben, die eventuell von psychischen Störungen betroffen sind: Wie kann ich ein passendes Vorgehen wählen, die bemerkte Problematik angemessen anzugehen? Wie finde ich heraus, welche Handlungsweisen welcher spezifischen Situation gemäß sind?

Wie kann ich abschätzen, welcher Schaden möglicherweise entstehen kann? Diese Fragen lassen sich immer nur im Einzelfall beantworten und bewerten. Hier ist also berufspädagogische Kompetenz gefordert, die es ermöglicht, individuell angemessen zu entscheiden und zu handeln.

Dennoch ist ein Überblick wichtig, um ein Bewusstsein dafür zu entwickeln, wann überhaupt die Alarmglocken schrillen sollten, wann man als Ausbilder:in in der Verantwortung für den jungen Menschen steht. Wegschauen ist jedenfalls keine Lösung!

5.1 Welche Warnzeichen können auf Handlungsbedarf hinweisen?

Psychische Erkrankungen und Störungen werden unter Umständen durch von außen wahrnehmbare Symptome spürbar, auf die Ausbilder:innen mit besonderer Aufmerksamkeit reagieren sollten. Grundsätzlich ist es ein Warnzeichen, wenn sich das Verhalten von Jugendlichen mit oder ohne erkennbare Ursachen plötzlich und dauerhaft ändert.

Weitere Warnzeichen können sein:

- Veränderungen in der schulischen und beruflichen Leistung
- Aggressivität, dissoziales Verhalten
- Übertriebene Ängstlichkeit
- Rückzug aus sozialen Beziehungen
- Niedergeschlagenheit, Antriebslosigkeit
- Körperliche Veränderungen, körperliche Vernachlässigungen
  (Gewichtszunahme, -abnahme, Vernachlässigungen der körperlichen Hygiene)
- Alkohol- und/oder Drogenkonsum
- Selbstverletzendes Verhalten (Ritzen, Schneiden)
- Geäußerte Suizidabsichten oder Suizidversuch

---

[35] Aktionsbündnis Seelische Gesundheit, 2015: 2
[36] § 14 Abs. 1 Nr. 5 BBiG

Treten diese Warnzeichen auf, ist es wichtig zu handeln. Doch dabei steht es, wie bereits angesprochen, außerhalb der Kompetenz von Ausbilder:innen, Diagnosen zu stellen. Allerdings können Ausbilder:innen eine wichtig Rolle dabei spielen, mögliche psychische Erkrankungen zu erkennen. Sie sind schließlich in häufigem Kontakt mit dem jungen Menschen und beobachten (zwangsläufig) ihr Sozialverhalten beim Arbeiten und Lernen. Dabei können sie über besagte Warnzeichen erste Hinweise für ein *mögliches* Vorliegen psychischer Probleme wahrnehmen und sich (bei Minderjährigen unter Einbezug der Eltern!) darum kümmern, dass der entsprechende junge Mensch eine gezielte Diagnostik von Fachleuten durchführen und sich professionell helfen lässt.

Eine professionelle Diagnose einer psychischen Störung bzw. Erkrankung kann nur durch Mediziner:innen bzw. Therapeut:innen erstellt werden. Dies erfolgt in der Regel in einem mehrstufigen Vorgehen, bestehend aus:

- Aufnahme der Vorgeschichte (Anamnese): Hier werden nicht nur die aktuelle Lebenssituation und die akuten Symptome betrachtet, sondern auch der familiäre und biographische Hintergrund werden von Ärzt:in/ Psychiater:in/ Psycholog:in erhoben.

- Erstellung eines Psychischen Bundes: Im Rahmen von Gesprächen zwischen Ärzt:in/ Psychiater:in/ Psycholog:in und Betroffenen wird ein Befund erstellt.

- Ggf. Fragebögen und Testungen: Um Zusatzinformationen zu gewinnen und um zum Beispiel eine Dyskalkulie oder Legasthenie klar von einer psychischen Lernblockade abzugrenzen, werden hierfür speziell entwickelte Tests durchgeführt und Fragebögen bearbeitet. Zur Erfassung der sozialen Beziehungen von Jugendlichen werden auch Brettspiele und Aufstellungen eingesetzt.

- Körperliche Untersuchungen: Um körperliche Ursachen (z.B. Entzündungen des Gehirns, Anfallsleiden, Erkrankungen des Stoffwechsels) auszuschließen, werden körperliche Untersuchungen durchgeführt.

5.2 Welche psychischen Störungen und Erkrankungen können Lernbegleitenden begegnen?[37]

Angsterkrankungen

„Fast jeder fünfte Jugendliche leidet an einer Angststörung. Damit handelt es sich um die häufigste psychische Störung bei Heranwachsenden. Während Kinder am ehesten unter einer Trennungsangst leiden, handelt es sich bei Jugendlichen meistens um eine soziale Phobie. Die betroffenen Mädchen und Jungen fürchten, sich in bestimmten Situationen zu blamieren, zu versagen oder gedemütigt zu werden. ‚Ich kann weniger als die anderen‘, ‚Die anderen merken, dass mit mir etwas nicht stimmt‘, ‚Ich habe nichts zu sagen‘ – das sind typische Gedanken, die sie quälen. Sie zeigen eine ausgeprägte Verlegenheit, Scham und Publikumsangst in Gegenwart anderer Menschen. Die Angst überdeckt alles andere, und lähmt: die Jugendlichen ziehen sich unter Umständen vollkommen zurück.

‚Viele betroffene Jugendliche berichten von einem verhängnisvollen Teufelskreis aus negativen Erfahrungen, Vermeidung, erneutem Versagen und zunehmender Angst‘, sagt Prof. Beate Herpertz-Dahlmann, Direktorin der Klinik für Psychiatrie, Psychosomatik und Psychotherapie des Kindes- und Jugendalters an der Uniklinik Aachen. Bei deutlicher Tendenz zum Rückzug sollte man reagieren. Ein Facharzt oder ein Psychologe kann in ausführlichen Gesprächen mit dem jungen Menschen und (bei Minderjährigen verpflichtend) seinen Eltern prüfen, ob es sich tatsächlich um eine krankhafte Angst oder um altersgerechte Ängste handelt. In einer Psychotherapie können die Jugendlichen lernen, angstfördernde Gedanken zu erkennen und abzubauen."[38]

---

[37] Bei den größten Teilen dieses Abschnitts handelt es sich um direkte Zitate aus dem Dossier „Psychische Erkrankungen bei Jugendlichen" des Aktionsbündnis Seelische Gesundheit (Träger ist die Deutsche Gesellschaft für Psychiatrie und Psychotherapie, Psychosomatik und Nervenheilkunde e. V.) von 2015. Die Zitate sind entsprechend gekennzeichnet.
[38] Aktionsbündnis Seelische Gesundheit, 2015: S. 4

Depressionen

„Anhaltende Traurigkeit – das kann auch bei Jugendlichen ein Symptom einer Depression sein. Ein- und Durchschlafstörungen, Appetit- und Gewichtsverlust, ein Rückzug von Familie, Freunden, Hobbys sowie starke Selbstzweifel sind weitere Hinweise. Eine Depression bei Jugendlichen kann sich auch darin äußern, dass sie sich ,langweilen' oder ständig gereizt sind.

Etwa 10 bis 12 Prozent der Jugendlichen erkranken zwischen dem 14. und 24. Lebensjahr an einer Depression. Als spezifische Risikofaktoren gelten eine familiäre Belastung – also wenn nahe Angehörige wie Vater oder Mutter schon einmal unter einer Depression litten – oder ein sogenannter negativer kognitiver Stil: Das heißt, wenn die oder der Betroffene zu Hoffnungslosigkeit und pessimistischen Annahmen neigt, wie etwa ,Mich mag niemand' oder ,Mir gelingt nichts'. Verlusterlebnisse, wie eine Trennung der Eltern oder Tod eines Elternteils, oder Ablehnung durch Gleichaltrige können eine Depression auslösen. Eine Möglichkeit, Anzeichen für eine Depression zu erkennen – oder auch schlicht, mit seinen Sorgen um den jungen Menschen umzugehen – ist, ihn zu fragen, ob er sich manchmal einsam und unglücklich fühlt, ob er kaum noch Freude verspürt und, wenn das Gespräch es erlaubt, welche Gedanken ihm im Kopf herumgehen. Werden die Fragen bejaht, sollte dem jungen Menschen (bzw. bei Minderjährigen den Eltern) empfohlen werden, einen Facharzt oder einen Psychotherapeuten zu Rate ziehen – durchaus mit der Betonung der Tatsache, dass das nichts ist, wofür man sich schämen müsste, sondern psychische Belastungen sich schlichtweg ebenso zu Krankheitsbildern entwickeln können wie körperliche.

Die Internetseite von ,Freunde fürs Leben e.V.' (www.frnd.de), eine Initiative, die sich an Jugendliche und junge Erwachsene richtet, bietet neben vielen Informationen zu Depression und Suizidgefährdung auch einen Selbsttest an („Leidest du an Depression?").“[39]

Suizidgefährdung

„Viele Jugendliche denken vorübergehend an Selbstmord, ohne das ernsthaft vorzuhaben. Nichtsdestotrotz ist ein Suizid nach Unfällen die zweithäufigste Todesursache im Kindes- und Jugendalter und der überwiegende Teil der Selbsttötungen und Selbsttötungsversuche steht im Zusammenhang mit einer Depression".[40] Statistisch gesehen sind junge Frauen zwischen 15 und 25 Jahren am meisten gefährdet, einen Suizid zu begehen.[41]

Probleme in der Schule, Liebeskummer, Ängste und Befremden und andere typische Phänomene der Pubertät können sich so stark zuspitzen, dass sie in Suizidgedanken gipfeln — denen in wenigen Fällen tatsächlich nachgegangen wird. „Aus diesem Grund sind Aussagen wie ‚Ich kann nicht mehr‘, ‚Es hat alles keinen Sinn mehr‘, ‚Ich falle allen zur Last‘ und ähnliche Anspielungen ernst zu nehmen.

Eltern, Lehrer, Ausbilder, Freunde sollten den betreffenden Jugendlichen darauf ansprechen, ohne um den heißen Brei herumzureden. Die Betroffenen sind oft erleichtert, wenn sie direkt gefragt werden. Wenn ein Jugendlicher unmittelbar von Suizid bedroht, aber nicht mehr über ein Gespräch erreichbar ist, sind Notarzt oder Polizei zu verständigen. Bei einer schweren depressiven Episode ist in den allermeisten Fällen aufgrund des hohen Suizidrisikos eine stationäre Behandlung in einem beschützenden Rahmen erforderlich".[42]

Essstörungen

„Bei einer Essstörung denken viele zunächst an eine Magersucht. Doch Essstörungen umfassen insgesamt drei klassische Krankheitsbilder: Neben der Magersucht (Anorexia nervosa) gehören noch die Bulimie (Ess-Brech-Sucht) und die Binge-Eating-Störung

---

[39] Aktionsbündnis Seelische Gesundheit, 2015, S. 4
[40] Aktionsbündnis Seelische Gesundheit, 2015, S. 5
[41] Vgl. Nationales Suizid-Präventions-Programm für Deutschland, www.suizidpraevention-deutschland.de. Insgesamt finden in Deutschland ca. 10.000 Selbsttötungen pro Jahr statt (vgl. Deutsche Depressionshilfe: https://www.deutsche-depressions-hilfe.de/depression-infos-und-hilfe/depression-in-verschiedenen-facetten/suizidalitaet.). Statistisch gesehen nimmt sich in Deutschland alle 56 Minuten ein Mensch das Leben, alle sechs Minuten findet ein Suizidversuch statt (vgl. U25 – Arbeitskreis Leben/Deutscher Caritasverband: https://www.u25-deutschland.de/infothek/selbstmord-suizid/)
[42] Aktionsbündnis Seelische Gesundheit, 2015: S. 5

(Essanfallsstörung) dazu. Gemeinsam ist allen drei Störungen, dass die Betroffenen aufs Essen fixiert sind. Ihre Gedanken kreisen nur noch um das eine Thema, das alle anderen Lebensbereiche überlagert. Sie machen ihr Selbstwertgefühl einzig und allein von Figur und Gewicht abhängig. Dabei nehmen sie häufig ihren Körper verzerrt wahr, was bei Magersüchtigen besonders auffällig ist: Selbst bei krassem Untergewicht empfinden sie sich als fett, unförmig und hässlich.

Von Essstörungen sind hauptsächlich Mädchen betroffen: bis zu einem Prozent der 14- bis 18-Jährigen leiden unter einer Magersucht, etwa ein bis zwei Prozent haben eine Bulimie. Die Binge-Eating-Störung scheint sich auf beide Geschlechter zu verteilen, etwa drei Prozent der erwachsenen Frauen und Männer sind erkrankt. Die Essanfallsstörung bei Kindern und Jugendlichen ist bisher noch wenig untersucht, es gibt allerdings Hinweise, dass insbesondere übergewichtige Jugendliche Essanfälle erleben, die sie nicht mehr kontrollieren können.

Diese Zahlen scheinen recht klein, doch die Übergänge sind fließend: In der sogenannten BELLA-Studie[43], in der knapp 3.000 Jugendliche und deren Eltern befragt wurden, berichteten ein Drittel der Mädchen und immerhin auch 15 Prozent der Jungs von gestörtem Essverhalten, wie Diäten, Essanfällen, Erbrechen oder Missbrauch von Abführmitteln. Ein gestörtes Essverhalten ist auch deshalb ernst zu nehmen, weil es mit einer schlechten Prognose auch für andere psychische Störungen verbunden ist. In der KiGGS-Studie[44] sagte über die Hälfte der 13- bis 14-Jährigen, sie wären gerne dünner.

Wenn ein Mädchen (oder auch Junge) eine strikte Diät beginnt, sich mit Kalorientabellen beschäftigt, Hauptmahlzeiten weglässt, ständig am eigenen Körper herummäkelt, können das erste Symptome sein. Eltern sollten sich nicht scheuen, ihr Kind darauf anzusprechen und ihre Beobachtungen mitzuteilen. Weil insbesondere Magersucht lebensgefährlich werden kann, sollten sie nicht lange versuchen, alleine damit zurechtzukommen, sondern bei einem Verdacht so schnell wie möglich professionelle Hilfe suchen. Bei auf Essstörungen spezialisierten Beratungsstellen wie Dick & Dünn Nordwest e.V. können sich Eltern und Betroffene Unterstützung holen: telefonisch oder per Mail, als Beratungsstunden, über Online-Foren oder Selbsthilfegruppen.

Risikosuchendes Verhalten

Es ist normal, dass Jugendliche gefährliche Situationen suchen und gesundheitsriskantes Verhalten ausprobieren. Darüber können sie Selbstwert und Identität stabilisieren. Doch wenn der Jugendliche sich selbst oder andere Menschen gefährdet, etwa indem er öfters exzessiv Alkohol trinkt oder sich ohne Führerschein hinters Steuer setzt, braucht er Hilfe. ‚Oft ist ein risikosuchendes Verhalten ein Symptom für eine andere psychische Störung', betont Dr. Gundolf Berg, Vorsitzender des Berufsverbandes für Kinder und Jugendpsychiatrie, Psychosomatik und Psychotherapie in Deutschland (BKJPP) e.V. Ein Jugendlicher mit einer Aufmerksamkeitsdefizitstörung etwa ist reizhungrig und sucht den Kick. Und ein Jugendlicher mit Depressionen drückt damit aus: Mir ist alles egal, ich kümmere mich nicht um mich. ‚Wenn ein Jugendlicher, der ansonsten in vielen Bereichen gut zurechtkommt, mal zu viel Alkohol trinkt oder unvorsichtig ist, dann ist das meistens noch nicht als Störung anzusehen', so Dr. Berg. Doch wenn der Jugendliche wichtige Aufgaben in Schule oder Ausbildung vernachlässigt und trotz bestehender Probleme am übermäßigen Alkoholkonsum festhält, sollten Eltern zusammen mit ihrem Kind Hilfe suchen."[45]

Alkoholkonsum

„Exzessiver Alkoholkonsum ist ein risikosuchendes Verhalten und umgekehrt steigt unter Alkoholeinfluss das Risiko für riskantes Verhalten. So stehen beispielsweise ein Drittel aller Verkehrsunfälle bei den 15- bis 20-Jährigen im Zusammenhang mit Alkohol. Es ist bei Kindern und Jugendlichen die am weitesten verbreitete psychoaktive Substanz. Zwar ist in den vergangenen Jahren der Anteil Jugendlicher, die regelmäßig Alkohol trinken, zurückgegangen. Doch laut der sogenannten HBSC-Studie[46] gaben immerhin noch gut 28 Prozent der 15-jährigen Jungen und gut 15 Prozent der 15-jährigen Mädchen an, mindestens einmal pro Woche ein alkoholisches Getränk zu konsumieren. Laut der KiGGS-

[43] BELLA = BEfragung zum seeLischen WohLbefinden und VerhAlten, www.bella-study.org
[44] KiGGS = Studie zur Gesundheit von Kindern und Jugendlichen in Deutschland, www.kiggs-studie.de
[45] Aktionsbündnis Seelische Gesundheit, 2015: S. 5-6
[46] HBSC = Health Behaviour in School-aged Children, www.hbsc-germany.de
[47] KiGGS = Studie zur Gesundheit von Kindern und Jugendlichen in Deutschland, www.kiggs-studie.de

Studie[47] ist bei jedem sechsten Jugendlichen im Alter von 11 bis 17 Jahren ein riskanter Konsum festzustellen und 11 Prozent trinken mindestens einmal im Monat sechs oder mehr alkoholische Getränke hintereinander. Dieses Rauschtrinken, auch Binge-Drinking genannt, zieht sich durch alle sozialen Schichten und betrifft mehr Jungen, auch wenn sich die Geschlechter zunehmend angleichen. Eine Drogenberatungsstelle kann ein erster Anlaufpunkt sein.

Selbstverletzendes Verhalten

‚Ich wollte einen negativen Zustand beenden.' Das nennen die meisten Jugendlichen, die sich selbst verletzen, als Hauptgrund für ihr Verhalten. Innere Spannungen abbauen oder quälende Gedanken beenden, das kann eine Funktion von selbstverletzendem Verhalten sein. Aber auch sich selbst wieder spüren, sich selbst bestrafen oder Zuwendung erlangen. Meistens schneiden oder ritzen sich die Jugendlichen mit Messern, Rasierklingen, Scherben oder Nadeln in die Haut von Unterarmen oder Händen, seltener in Bein oder Bauch. Aber auch Verbrennungen oder Verätzungen kommen vor. Die Betroffenen haben dabei nicht die Absicht, sich selbst zu töten.

Unerklärliche Schrammen, Narben, Schnitte oder Verbrennungen können Hinweise sein. Oder wenn die oder der Jugendliche viel Zeit auf der Toilette verbringt. Oder immer lange Ärmel oder Stulpen trägt, auch bei heißem Wetter oder beim Sport. Etwa ein Viertel bis ein Drittel aller Schülerinnen und Schüler geben an, sich innerhalb des vergangenen Jahres schon einmal selbst verletzt zu haben. Etwa vier Prozent gestehen, es wiederholt zu tun. Selbstverletzendes Verhalten ist kein eigenständiges Krankheitsbild, aber ein Warnzeichen. Dahinter kann eine psychische Erkrankung stecken, wie z.B. eine Borderline-Persönlichkeitsstörung oder auch eine Depression oder Essstörung.

Störungen des Sozialverhaltens

„Wenn Jugendliche sich wie ‚Halbstarke' benehmen, kann das in einem gewissen Umfang normal sein. Um Grenzen auszutesten und den eigenen Einfluss zu erkunden, lügen manche Jugendliche, begehen kleinere Diebstähle, suchen die körperliche oder verbale Auseinandersetzung. ‚Doch wenn Jugendliche wiederholt und heftig soziale Normen verletzen, muss man von einer Störung des Sozialverhaltens ausgehen‘, sagt Dr. Gundolf Berg, Vorsitzender des Berufsverbandes für Kinder und Jugendpsychiatrie, Psychosomatik und Psychotherapie in Deutschland (BKJPP) e.V. Betrügereien, Körperverletzung, Erpressung – oft begehen Jugendliche dabei kriminelle Handlungen.

Der Jugendliche – meistens handelt es sich um Jungen – bekommt in einer Psychotherapie Anleitung, wie er sein impulsives und aggressives Verhalten kontrollieren kann. Auch die Familienbeziehungen, das Schulmilieu und die Peergroup, in der sich der Jugendliche bewegt, werden unter die Lupe genommen. Denn häufig besteht ein negativer Einfluss durch Gleichaltrige. ‚Vor allem wenn Jugendliche durch andere Beschwernisse oder Erkrankungen nicht erfolgreich sind, kann das Störungen des Sozialverhaltens begünstigen‘, sagt der Psychiater für Kinder und Jugendliche. Er betont, dass sich hinter der Aggressivität häufig andere psychische Störungen verbergen, wie etwa eine Aufmerksamkeitsstörung oder depressive Verstimmungen. Dr. Berg: ‚Manche Jugendliche sind aggressiv, um ihre Traurigkeit nicht zu spüren.‘ "[48]

Fast jeder von uns kennt eine depressive Stimmungslage. Das Leben scheint grau, sinnlos, man hat zu nichts richtig Lust, möchte sich am liebsten im stillen Kämmerlein vergraben und von nichts und niemanden etwas hören. Alles wird einem zu viel! Doch dann ist auch dieses Tief wieder überwunden, das Leben zeigt sich von seiner schönen und lustvollen Seite, man geht wieder seinen Interessen nach und freut sich des Lebens. „Wenn aber Menschen besonders stark ausgeprägte Gefühle von Traurigkeit, Interesselosigkeit und Verzweiflung zeigen und diese über mehrere Wochen hinweg unverändert anhalten, bezeichnen wir diese Menschen als depressiv. Depressive Gefühle werden häufig durch eine Lebenskrise wie den Tod eines geliebten Menschen, Scheidung, Kündigung, Krankheit usw. ausgelöst. Somit kann jeder zum Betroffenen werden und sei es ‚nur‘ als Angehöriger oder Freund.

[48] Aktionsbündnis Seelische Gesundheit, 2015: S. 5-7

Wenn die depressive Verstimmung eine normale Lebensführung über Wochen hinweg nicht mehr zulässt und zusätzliche Beschwerden wie Appetitverlust, Schlafstörungen und Wertlosigkeitsgefühle überhandnehmen, liegt möglicherweise eine *depressive Störung* vor. Depressive Störungen sollten unbedingt fachmännisch behandelt werden, da sie über Jahre hinweg anhalten können, unter Umständen immer wieder auftreten oder sogar zum Selbstmord führen können."[49]

5.3 Welche Unterstützungsangebote gibt es?

In Deutschland gibt es ein breites Netz an Anlaufstellen und Unterstützungsangeboten für (Entwicklungs-)Störungen und psychische Erkrankungen, so zum Beispiel:

- Betriebsärzt:innen (https://bsafb.de/betriebsarztsuche), Ärzt:innen (https://www.weisse-liste.de/de/arzt/arztsuche/) und Psychiater:innen (https://www.neurologen-und-psychiater-im-netz.org/arztkliniksuche/)
- Sozialpädagogische (Begleitungs-)Angebote des eigenen Unternehmens, in der Berufsschule, in der Gemeinde (v.a. regionale Initiativen)
- Bundesverband Legasthenie und Lerntherapeutische Einrichtungen für Legasthenie und Dyskalkulie (www.bvl-legasthenie.de)
- ADHS-Zentren (www.adhs-zentrum.de)
- Suchtberatungsstellen der Kommunen, Caritas, DRK, andere Sozialverbände
- Bundeszentrale für gesundheitliche Aufklärung, BZgA (z.B. www.bzga-essstoerungen.de)
- Bundes-Fachverband Essstörungen e.V. (www.bundesfachverbandessstoerungen.de)
- Deutsche Hauptstelle für Suchtfragen e.V. (www.dhs.de)
- Bundesagentur für Arbeit (Lernunterstützung für Betroffene und finanzielle Unterstützung für Unternehmen, z.B. ausbildungsbegleitende Hilfen)
- IHK Ausbildungsberatung (z.B. bei drohenden Ausbildungsabbrüchen)

- Krisendienst Psychiatrie (bundesweit) (https://www.krisendienst- psychiatrie.de/ 2018/12/03/hilfe-in-seelischer-not-rund-um-die-uhr/)
- Sozialpsychiatrische Dienste (Kommunen oder Verbände)
- Bundesweite Beratungsstellen auf www.frnd.de

[49] Wittchen et al., 1995: 38f.

Teil 6

Warum sind Krisen in der Ausbildung eine Chance –
auch fürs berufliche Lernen?

Auch wenn der Slogan der *Krise als Chance* durch seine inflationäre mediale Nutzung spätestens seit der *Corona-Pandemie* im Jahr 2020 für den ein oder anderen endgültig abgedroschen klingen mag, bringt er wohl am besten auf den Punkt, dass das *biografisch Notwendige* und zugleich *notwendigerweise Krisenhafte* im Ausbildungsalter letztlich nicht nur für die Entwicklung des jungen Menschen sehr wichtig ist. Die Entwicklungsaufgaben, ihre erfolgreiche Bewältigung und die mit ihnen verbundenen Strapazen sind genauso wichtig dafür, dass sich Persönlichkeiten entwickeln, wie sie heute in fast allen Arbeits- und Berufsbereichen gebraucht werden: Menschen, die ihre eigene Originalität und Kreativität entwickelt haben und die durch manifeste Krisen gegangen sind, diese erfolgreich bewältigt haben und daran gewachsen sind. Die Wachstums- und Stärkungsprozesse, die im Zuge der Entwicklungsaufgaben dieser Altersphase zu bewältigen sind, können und sollten – auch aus diesem Grund – berufs*pädagogisch* unterstützt werden.

Die Fähigkeit von Ausbilder:innen, Lernen in der realen Arbeit, in echten und bedeutsamen Arbeitsprozessen zu ermöglichen und behutsam zu begleiten, konnte in diesem Essential als *pädagogisches Gold* dafür beschrieben werden.

Jungen Menschen zu ermöglichen, Erfolge zu haben, ihre Selbstwirksamkeit erleben zu können und eine ernsthafte, partnerschaftliche, professionell gestaltete, dialogische Beziehung zu ihnen aufzubauen, wurde in diesem Zusammenhang selbst als ein *Erfolgsfaktor* herausgearbeitet.

Darüber hinaus wurden die Grenzen dieser *pädagogischen* Möglichkeiten betont und auf psychologische und andere professionelle Möglichkeiten dafür verwiesen, auf die Ausbilder:innen zurückgreifen können, wenn sie beispielsweise Warnsignale erkennen, die auf psychische Erkrankungen oder Suchterkrankungen hindeuten.

Die Chance, die für Ausbilder:innen selbst darin steckt, schwierigen Ausbildungssituationen und damit verbundenen Krisen zu begegnen und sie gemeinsam mit den betroffenen Jugendlichen zu lösen, liegt darin, dass sie dabei ihre eigene Ausbildungskompetenz weiterentwickeln – und zwar auch durch Lernen an realen Aufgaben!

Denn Kompetenz bedeutet immer auch schwierige, herausfordernde, manchmal chaotische bis grenzwertige Situationen selbstorganisiert bewältigen zu können. Kompetentes Ausbilden erfordert es daher, mit schwierigen Ausbildungssituationen und Lernschwierigkeiten umgehen zu können. Und lernen kann man das aus Ausbilder:in eben nur, indem man sich mit solchen Situationen konfrontiert sieht und seinen eigenen Weg findet, sie zu lösen.

Teil 7

EXKURS
Lernprozessbegleitung

Vor mehr als 30 Jahren wurde in der GAB München im Rahmen von Modellversuchen ein Instrument entwickelt, das Lernende bei dem Erwerb von (beruflichen) Handlungskompetenzen unterstützt. Dies war die Geburtsstunde der Lernprozessbegleitung und der Beginn einer kontinuierlichen Beschäftigung mit diesem Thema in der GAB. Die Lernprozessbegleitung wurde seither fortwährend weiterentwickelt, konkretisiert und an unterschiedliche Rahmenbedingungen angepasst.

Die Methode der Lernprozessbegleitung

Die Lernprozessbegleitung zielt auf die Entwicklung von Handlungskompetenzen durch die Begleitung arbeitsintegrierter Lernprozesse. Die konkrete Ausgestaltung der Lernprozessbegleitung kann unterschiedliche Formen (z.B. 6 Schritte für die Lernprozessbegleitung in der Ausbildung[50]) annehmen. Die hier aufgeführten Aspekte bilden das für den Ansatz gültige *Rückgrat* der Lernprozessbegleitung.

Kompetenz entsteht durch Erfahrung – Man lernt zu tun, indem man tut

Indem Lernende in Situationen begleitet werden, in denen sie in ihrem Arbeitskontext/an ihrem Arbeitsplatz/ mit echten Kund:innen/ Maschinen/ Aufträgen handeln, werden sie mit echten Entscheidungssituationen konfrontiert und entwickeln durch ihr Handeln in eben diesen Situationen Handlungskompetenzen.

So viel Struktur wie nötig, so viel Freiraum wie möglich – die Gestaltung arbeitsintegrierter Lernprozesse

Die Ergebnisse der neueren Motivationsforschung (z.B. Deci & Ryan, Csikszentmihalyi) zeigen deutlich, dass sowohl Autonomie als auch das Gefühl von Kompetenz (das Gefühl, etwas erreichen zu können) wichtige Faktoren zur Motivation darstellen. Jede/r Lernende braucht diese beiden Faktoren jedoch in einer individuellen Dosierung. Eine optimale Lernumgebung muss daher so viel Freiraum wie möglich gewähren (Autonomie) und gleichzeitig so viel Struktur wie nötig anbieten, damit die Aufgabe am Ende auch gelingt. Es hat sich gezeigt, dass die Lernprozessbegleitung als Instrument zur Dosierung von Freiraum und Struktur diesen Spagat leisten kann. Beispielsweise durch Erkundungsaufgaben, die Lernende bei der selbstständigen Planung und Vorbereitung sowie gedanklichen Durchdringung einer bestimmten Arbeitsaufgabe unterstützen.

(Lern-)Gespräche als das Herzstück der Lernprozessbegleitung

Lerngespräche dienen dazu, das Lernanliegen und die Lernaufgabe zu konkretisieren, relevante Vorerfahrungen festzustellen und die Aufgabe so zu arrangieren, dass eine selbstständige Vorbereitung möglich wird. Darüber hinaus finden im Rahmen von Lerngesprächen die Auswertung bzw. Reflexion der Erfahrungen statt, die entlang der Aufgabe gemacht wurden. Ohne diese Reflexion findet kein Kompetenzlernen statt. In den Gesprächen arbeiten die Lernbegleitenden mit Fragen, hören aktiv zu und spiegeln Beobachtungen.

Die Haltung des/der Lernprozessbegleiter:in –
Der Unterschied, der den Unterschied macht

Lernbegleiter:innen brauchen eine Reihe von Kompetenzen. Dazu gehören Empathie, Umgang mit offenen Handlungssituationen und Selbstreflexionsfähigkeit. Selbstverständlich brauchen sie auch pädagogisches Fachwissen und Methoden. Aber am wichtigsten ist ihre Haltung den Lernenden gegenüber: „Kann ich meine Lernenden wirklich loslassen? Traue ich ihnen zu, die Aufgabe zu schaffen, auch wenn sie an Hindernisse stoßen? Bin ich in der Lage abzuwägen, wie viel Struktur und wie viel Freiraum jede/r Einzelne benötigt? Kann ich mich zurücknehmen und beobachten, ohne einzugreifen? Kann ich eine gute Beziehung aufrechterhalten, auch wenn ich das Verhalten meiner/meines Lernenden nicht billige?"

Lernprozessbegleiter:innen begegnen den Lernenden auf Augenhöhe, verhalten sich partnerschaftlich und respektieren die Individualität der Lernenden und der jeweiligen Lernprozesse. Fehler werden als Lernchance wahrgenommen. Lernprozessbegleiter:innen halten sich zurück und belehren nicht, sondern beobachten und fragen mehr als dass sie sagen. Sie haben Vertrauen in die Lernenden und in den jeweiligen Lernprozess.

---

[50] Siehe hierzu „Kompass" und „Begleitheft für die Lernprozessbegleitung in der Ausbildung" unter www.gab-muenchen.de

Teil 8

Literaturverzeichnis

Aktionsbündnis Seelische Gesundheit (2015): Psychische Erkrankungen bei Jugendlichen. Presse-Themendienst. Onlinepublikation. http://www.seelischegesundheit.net/images/stories/themendienst/2015-02-16-psychische-erkrankungen-bei-jugendlichen.pdf. [21.07.2020]

Bauer, Hans G. / Brater, Michael / Büchele, Ute / Fürst, Ulrike / Munz, Claudia / Rudolf, Peter / Wagner, Jost (2008): Qualifikationsbedarf des Bildungspersonals. Endbericht Teil 2: Ergebnisse der Betriebsbefragung. München. Verfügbar unter: http://www.gab-muenchen-ev.de/de/downloads/tei2_endbericht_qualifizierung_des_bildungspersonals.pdf. [25.06.2020]

Betz, Dieter / Breuninger, Helga (1998): Teufelskreis Lernstörungen: theoretische Grundlegung und Standardprogramm. 5. Aufl. Materialien für die psychosoziale Praxis. Weinheim.

Bouziane, Cheima / Filatova, Olena G. / Schrantee, Olena G. / Caan, Matthan W. A. / Vos, Frans M. / Reneman, Liesbeth (2019): White Matter by Diffusion MRI Following Methylphenidate Treatment: A Randomized Control Trial in Males with Attention-Deficit/Hyperactivity Disorder. Radiology. 182528 . DOI:10.1148/radiol.2019182528

Brater, Michael (1997): Schule und Ausbildung im Zeichen der Individualisierung. In: Beck, Ulrich (Hrsg.): Kinder der Freiheit, Frankfurt/Main.

Brater, Michael / Wagner, Jost (2008): Qualifikationsbedarf des betrieblichen Bildungspersonals – Eine explorative Studie. BWP Berufsbildung in Wissenschaft und Praxis, 6. Verfügbar unter https://www.bibb.de/veroeffentlichungen/de/publication/download/1402. [20.05.2020]

Brater, Michael / Schrode, Nicolas (2016): Teilhabe und pädagogische Herausforderungen im Übergang Schule - Beruf. Überlegungen zum Auftrag der Berufspädagogik an der „ersten Schwelle". Unveröffentlichtes Manuskript auf Basis des gleichnamigen Referats von Prof. Dr. Michael Brater auf der Tagung der Weinheimer Initiative (Region Hannover) vom 28.05.2015.

Bundesverband Legasthenie (o.J.): Was sind die Ursachen einer Dyskalkulie? Onlinepublikation. https://www.bvl-legasthenie.de/dyskalkulie/ursachen.html. [21.07.2020]

Bundeszentrale für gesundheitliche Aufklärung (BZgA) (2014): adhs. aufmerksamkeitsdefizit/hyperaktivitätsstörung...... was bedeutet das?

Deutsche Depressionshilfe (o.J.): Suizidalität. Onlinepublikation. https://www.deutsche-depressionshilfe.de/depression-infos-und-hilfe/depression-in-verschiedenen-facetten/suizidalitaet. [20.07.2020]

Deutschlandfunk Kultur (2015): Romuald Brunner im Gespräch mit Ute Welty. Verfügbar unter: https://www.deutschlandfunkkultur.de/pubertaet-gehirn-wegen-umbau-geschlossen. 1008.de.html?dram:article_id=313577. [17.07.2020]

Erikson, Erik H. (2013): Identität und Lebenszyklus. Frankfurt/Main.

Grundnig, Sarah R. (2017): Ritalin – gefährliche Droge oder harmloses Medikament? Ein Blick auf den Wirkstoff Methylphenidat in der Behandlung der Aufmerksamkeitsdefizit-Hyperaktivitätsstörung im Kindes- und Jugendalter. Graz. Verfügbar unter: file:///C:/Users/nschrode/AppData/Local/Temp/Diplomarbeit%20Grundnig%20SR.pdf. [abgerufen am 22.07.2020]

Montessori, Maria (1979): Spannungsfeld Kind – Gesellschaft – Welt. Freiburg im Breisgau/Wien.

Munz, Claudia (2005): Berufsbiografie selbst gestalten: wie sich Kompetenzen für die Berufslaufbahn entwickeln lassen. Bielefeld.

Nationales Suizid-Präventions-Programm für Deutschland (o.J.): Homepage: https://www.suizidpraevention.de. [abgerufen am 28.07.2020]

U25 – Arbeitskreis Leben / Deutscher Caritasverband (o.J.): Suizid, Selbstmord, Freitod, Selbsttötung. Infothek-Eintrag. Onlinepublikation. https://www.u25-deutschland.de/infothek/selbstmord-suizid. [22.07.2020]

Viegener, Ulrike (2017): Suizidgefahr. Erkennen und reagieren. Pharmazeutische Zeitung. 17. Onlinepublikation. https://www.pharmazeutische-zeitung.de/ausgabe-172013/erkennen-und-reagieren. [22.07.2020]

Wittchen, Hans-Ulrich (Hrsg.) (1995): Angst: Angsterkrankungen, Behandlungsmöglichkeiten. Basel/ Freiburg/ London/ New York/ New Delhi/ Bankok/ Singapore/ Tokyo/ Sydney.

Teil 9

Übersicht zu Lerninhalten des/der
Geprüften Aus- und Weiterbildungspädagoge:in

Im Folgenden finden Sie eine Übersicht über die Themen des Rahmenlehrplans des/der „Gepr. Aus- und Weiterbildungspädagoge:in", die in diesem Band angesprochen werden.

Lernprozesse und Lernbegleitung

1. **Gestaltung von Lernprozessen und Lernbegleitung**

1.1   Lern- und entwicklungstheoretische Grundlagen für die Gestaltung von
      Lern- und Qualifizierungsprozessen

     1.1.2   Entwicklungstheoretische Grundlagen erläutern

     1.1.2.1 Lernverhalten von Jugendlichen

     1.1.2.2 Lernverhalten von Erwachsenen

2. **Lernpsychologisch, jugend-, erwachsenen- und sozialpädagogisch
    gestützte Lernbegleitung**

2.1   Lernpsychologische, jugend-, erwachsenen- und sozialpädagogische Methoden zur
      Erkennung und Behandlung von Problemen und Benachteiligungen im Lernen oder
      in der Persönlichkeitsentwicklung

2.2   Erkennen und Behandeln von Lernproblemen und -benachteiligungen

     2.2.1   Auffälliges Lern- und Sozialverhalten erkennen

     2.2.2   Mögliche Hintergründe berücksichtigen

     2.2.3   Angemessenes Handeln sicherstellen

2.3   Erkennen und Behandeln von Entwicklungsproblemen und -benachteiligungen

     2.3.1   Entwicklungsprobleme berücksichtigen

     2.3.2   Mögliche Auswirkungen erkennen

     2.3.3   Maßnahmen/Hilfen einleiten

2.5 Zusammenarbeit mit sozialpsychologischen, Erziehungsberatungs- und pädagogischen Fachdiensten

    2.5.1 Kooperationen mit internen und externen Partnern herbeiführen

    2.5.2 Kooperationsmaßnahmen überprüfen

4. Lern- und Entwicklungsberatung

4.1 Lernberatung in Bildungsprozessen, insbesondere bei Lernkrisen; Abbruchprophylaxe

    4.1.2 Lernkrisen

    4.1.2.1 Anzeichen von Problemen im Lernverhalten erkennen

    4.1.2.2 Auswirkungen von Lernkrisen erkennen

    4.1.2.3 Ursachen von Lernkrisen ermitteln

    4.1.2.4 Gemeinsam den Veränderungsbedarf feststellen

    4.1.2.5 Lösungswege aus Lernkrisen erarbeiten

    4.1.2.6 Umsetzung des Lösungswegs kontrollieren

4.2 Lerntherapien und Kooperation mit lerntherapeutischen Dienstleistungen

    4.2.1 Lerntherapiebedarf erkennen

    4.2.2 Beratung einleiten

    4.2.3 Prozess unterstützen